KB068755

GUIDE BOOK ON FARM MANAGEMENT ANALYSIS

EXCEL로 쉽게 따라하는

농업경영분석 가이드

신용광

박영사

머리말

    이 책은 "농업경영학의 이해" 교재에 나오는 농업경영과 관련한 다양한 문제들의 해결방법을 이해하고 EXCEL 프로그램을 이용하여 쉽게 따라할 수 있도록 집필한 교재이다.

    농업이 점점 대규모화되고 전문화되면서 농업경영인도 단순히 농산물을 생산하는 수준에서 벗어나 생산과 유통 그리고 시장정보 등을 정확히 분석하고 이에 따른 대응전략을 제시할 필요가 있지만, 이러한 문제들을 해결하는 방법을 서술한 저서들은 많지 않은 실정이다. 이미 집필된 농업경영 설계 및 분석과 관련한 일부 저서들도 전문적인 분석 프로그램을 이용하여 전문적인 영역에 대한 이론적인 접근 방법들이 대부분으로 소수의 전문가들을 대상으로 저술한 전문서적들이다.

    이 책은 대학교 재학생들 또는 기초를 공부하고자 하는 대학원생 그리고 일반 농업경영인들이 농업경영에 대한 설계와 평가 및 분석 등을 쉽게 이해할 수 있도록 저술하였다. 또한 이론적인 원리를 눈으로 보는 데 그치지 않고 엑셀이라는 프로그램을 이용하여 하나씩 따라 하면서 배우고 이해할 수 있도록 예제들을 사례로 설명하고 있다.

    제1장에서는 선형계획법과 목표계획법을 이용하여 농산물 작부체계를 선정하는 방법에 대해 서술하고, 제2장에서는 예산법을 이용하여 신규작물 도입에 따른 수익성 변화 분석방법을 설명한다. 제3장에서는 B/C, NPV, IRR 지표를 이용하여 시설투자의 효과를 분석하는 방법에 대해 설명하고, 제4장은 시설선정이나 입지선정 방법 등에 많이 이용되는 계층적의사결정과정(AHP)을 이용하여 자원화시설 선정 방법을 사례를 들어서 설명한다. 제5장은 농장을 운영함에 있어 발생하는 부채의 상환방법을 설명하고 있으며 원리금 상환방법을 4개 유형으로 구분하여 설명한다. 제6장에서는 농업노동력의 노동시간 할당방법을 할당모형으로 설명하고 제7장에서는 농산물의 수송비용 최소화 문제를 수송모형으로 설명하고 있다. 제8장에서는 농산물 가격이나 수요량 등을 예측하는 방법을 시계열적 예측방법과 인

과형 예측방법을 이용하여 설명하고 있다. 제9장에서는 장바구니 분석을 이용하여 소비자들이 제품을 구입할 때 함께 구입하는 제품들의 연관 관계를 분석하고 함께 판매할 묶음상품 등에 대한 기획과 판매방법을 검토한다. 제10장에서는 농업경영체나 농업법인 등에서 많이 사용되는 농업의 효율성 분석을 자료포락분석법(DEA)을 이용하여 설명하였다. 제11장에서는 손익분기점분석을 이용하여 새로운 작목이나 사업을 도입할 경우의 손기분기점 매출액을 추정하는 방법을 설명한다. 제12장에서는 재무제표의 작성방법과 재무제표를 이용한 경영성과분석을 성장성, 안정성, 수익성, 생산성 측면에서 분석한다.

이 책은 제1장부터 제12장까지 경영설계에서부터 투자분석, 가격예측분석, 소매상품개발, 경영효율성분석, 손익분기점분석, 경영성과분석 등 농장창업과 운영에 필요한 주요 부분들을 순서대로 기술하고 있어 한 장씩 순서대로 공부하면 현실적인 농업경영 문제해결에 도움이 된다. 또한, 각각의 장들이 별도의 사례로 구성되어 독자들이 필요한 장들을 필요에 따라 하나씩 따로따로 공부할 수 있도록 구성하였다.

아무쪼록 이 책이 농업경영에 관심을 가진 독자들에게 농업경영의 원리를 조금이라도 이해하는 데 도움이 되기를 바라며 이 책을 출판함에 있어 도움을 준 많은 분들 특히 이효순, 신민재, 신성재에게 고맙다는 감사의 인사를 드린다.

신용광

목 차

제 1 장

작부체계분석

작부체계분석

1.1 선형계획법

선형계획법(Linear Programming Method)은 수학적으로는 1차부등식의 제약조건하에서 1차식으로 표현된 목적함수를 최대화 또는 최소화하도록 비음의 변수값을 결정하는 방법이다. 선형계획법에 의한 최대화 모형을 수식으로 나타내면 다음과 같다.

- 목적함수: $Z = \sum_{j=1}^{n} C_j X_j \rightarrow$ 최대화

- 제약조건: $\sum_{j=1}^{n} a_{ij} X_j \leq b_i \, (i = 1, 2, \cdots, m)$, $X_j \geq 0 \, (j = 1, 2, \cdots, n)$

상기 식을 농업경영활동 측면에서 살펴보면, C_j는 경영부문 j의 단위당 수익에서 자재투입액을 공제한 금액(이익계수), X_j는 경영부문 j의 당해계획의 가동수준, Z는 당해계획의 총이익(비례이익), a_{ij}는 경영부문 j의 제약자원 i에 대한 단위당 생산요소투입량(기술계수), b_i는 자원제약 i의 조달가능량(제약량)이 된다.

다시 말하면, 선형계획법은 토지, 노동, 자본 등 일정한 자원제약량 하에서 대체부문(작목이나 기술 등의 활동방식으로 프로세스라 함)을 조합하여, 총이익을 최대화 또는 총비용을 최소화하기 위한 프로세스간의 최적가동수준을 도출하는 방법이다.

구체적인 해법은 먼저 경영계획문제의 선택 가능한 프로세스와 자원제약을 설

정하고 다음으로 기술계수, 이익계수 및 제약자원 조달 가능량을 확정한 후에 선형계획모형(연립 1차식)을 작성한다. 그리고 이를 연산의 초기해로 설정하는 단체표(소정의 표형식)에 정리하고 컴퓨터에 의해 심플렉스법(단체법)으로 단체표의 최적해를 구한다.

선형계획법은 다음과 같이 다양한 영역에서 적용할 수 있다. 첫째, 이익최대화를 실현하는 개별경영조직의 결정 문제, 둘째, 비료선택, 구입사료 배합 등의 비용 최소화 계획 문제, 셋째, 작목구성이나 고용노동의 유무, 또는 신기술도입 등에 따라 경영조직이 변하는 경우의 상대적 유리성 검토 문제 등에 선형계획법을 활용할 수 있다.

선형계획모형을 작성하기 위해서는 도입한 프로세스가 1단위 (예를 들면, 10a) 가동하는데 필요한 투입량이나 노동량(기술계수), 1단위를 가동함으로써 얻어지는 산출액(이익계수), 더욱이 조달 가능한 토지면적, 노동량, 자본량(제약자원 조달 가능량) 등의 자료가 필요하다. 이런 자료는 농업부기, 농작업일지, 메모류 등의 경영기록에서 구해지지만, 얻을 수 없는 경우에는 기술수준이 동일한 사례 또는 농업연구소 등에서 정리되어 있는 작목별 기술체계나 시험연구자료 등을 참고로 설정할 수 있다.

일반적인 선형계획법은 투입-산출관계를 1차식으로 표현함으로써, ① 경영부문 계획상의 채택량에 비례되는 총이익은 직선적으로 증대한다. 다시 말해 수확체감의 법칙이 작용하지 않는다(가법성), ② 경영부문 또는 생산요소는 연속적이며 정수치가 아니어도 좋다(가분성), ③ 계획에 채택되는 프로세스는 상호 독립적으로, 보완·보합관계가 없다(독립성), ④ 기술계수, 가격 등이 하나의 가격인 확정치이다(단일성) 등 방법상의 전제조건이 설정되어 있다. 이러한 가정에서 발생되는 문제를 해결하기 위해서는 계획문제의 재정리나 모형확장, 또는 선형계획법을 수학적으로 발전시킨 여러 방법(비선형계획법, 정수계획법 등)을 적용할 필요가 있다.

1.2 채소농가의 작부체계 선정 분석

한국농장에서는 밭60a에서 오이와 토마토를 재배하고 있다고 가정하자. 이익은 오이가 8만원/10a이고 토마토가 10만원/10a를 올릴 수 있다. 제약조건으로는 6월과 7월에 노동시간이 많이 소요되며 오이는 10a당 6월에 12시간, 7월에 12.5시간이 필요하고 토마토는 10a당 6월에 6시간, 7월에 20시간이 필요하다고 가정하자. 단, 농장에서 확보할 수 있는 노동시간은 6월에 60시간, 7월에 100시간이 최대로 확보할 수 있는 시간이다.

한국농장에서 오이와 토마토 재배를 통해 이익을 최대화할 수 있는 작물결합 방법을 선형계획법으로 작성하면 어떻게 될까?

수리모형화

생산물간의 대체관계는 일정한 양의 생산요소를 투입하여 생산할 수 있는 두 가지 이상의 생산물들을 각각 얼마씩 생산할 수 있는지에 대한 문제로 한국농장의 사례를 선형계획법으로 체계화하면 다음과 같이 수식화 할 수 있다.

- maximize $Z = 8X_1 + 10X_2$
- 토지 제약: $X_1 + X_2 \leq 6$
- 6월노동제약: $12X_1 + 6X_2 \leq 60$
- 7월노동제약: $12.5X_1 + 20X_2 \leq 100$
$$X_1 \geq 0, \ X_2 \geq 0$$

엑셀시트 모형화

1. 입력자료

- D5:E5는 오이와 토마토의 이익계수를 입력한다.

- D9:E11는 오이와 토마토의 토지, 6월노동, 7월노동 제약조건을 입력한다.
- H9:H11는 토지와 6월노동, 7월노동의 최대 공급가능량을 입력한다.

2. 값을 바꿀셀

- D6:E6는 오이와 토마토 재배면적

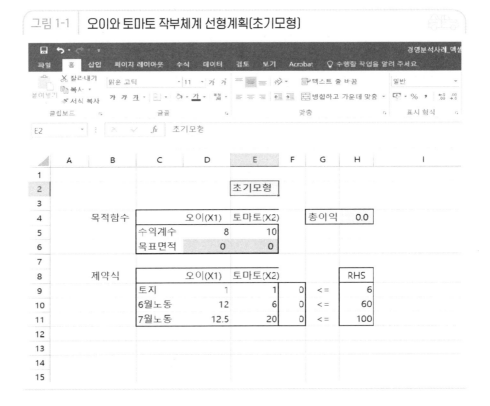

그림 1-1 | 오이와 토마토 작부체계 선형계획(초기모형)

3. 수식셀

- F9 = SUMPRODUCT($D$6:$E$6, D9:E9)
- F10 = SUMPRODUCT($D$6:$E$6, D10:E10)
- F11 = SUMPRODUCT($D$6:$E$6, D11:E11)

4. 목표셀

- H4 = SUMPRODUCT(D5:E5, D6:E6)

해찾기 실행

Excel에 입력자료를 입력하였다면 이러한 연립방정식을 풀기 위하여 [도구] − [해찾기]를 클릭하여 해찾기를 실행한다(만약, 해찾기가 EXCEL에 표시되지 않을 경우에는 Excel 메인화면에서 [파일]−[옵션]−[추가기능]을 실행한 후에 "해찾기 추가기능"을 선택하여 추가하면 해찾기를 실행할 수 있다).

1. 목표셀: 해찾기 대화상자에서 목표셀 입력란에 H4셀을 지정한다.
2. 해의 조건: 농가는 재배면적이 클수록 이익이 증가하므로"최대값"을 지정한다.
3. 값을 바꿀셀: 재배면적을 나타내는 D6:E6을 지정한다.
4. 제약조건: 토지, 6월노동, 7월노동이 각각 공급가능량을 초과하지 않는 제약 조건을 추가한다. 해찾기 대화상자에서는 F9:F11 < = H9:H11이 되도록 지정한다.

| 그림 1-2 | 오이 토마토 작부체계 선형계획[해찾기] |

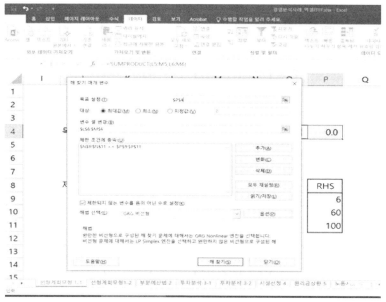

그림 1-3 | 오이 토마토 작부체계 선형계획(최적해)

	오이(X1)	토마토(X2)				
		최적해				
목적함수	오이(X1)	토마토(X2)		총이익	54.7	
수익계수	8	10				
목표면적	3	3				
제약식	오이(X1)	토마토(X2)				RHS
토지	1	1	6	<=		6
6월노동	12	6	52	<=		60
7월노동	12.5	20	100	<=		100

선형계획법에 의한 한국농장의 작부체계 최적면적은 토마토와 오이 재배면적이 각각 오이 27a, 토마토 33a이며 각각의 재배면적을 목적함수에 대입하면 한국농장의 이익은 54.7만원이 된다.

도식화 풀이

상기 식을 선형계획법으로 풀면 <그림 1−4>와 같이 도식화 할 수 있다.

한국농장의 경우 오이(X_1)와 토마토(X_2)를 재배하여 가장 높은 이익을 얻을 수 있는 최적생산물결합점(Optimal Product Combination)은 등이익선(Iso−Revenue line)과 최대생산가능영역(Production Possibility Curve)이 만나는 지점이 된다. 다시 말하면 생산물의 한계대체율($\triangle X_2/\triangle X_1$)과 등이익선의 기울기($Px_2/Px_1$)가 일치하는 점이 최적생산물결합점이 되며, 이때의 최적생산물결합점은 7월노동제약하의 작부가능성과 토지제약하의 작부가능성이 만나는 지점이기도 하다.

이를 수식으로 풀이하면,

토지제약식 $X_1 + X_2 = 6$

7월노동제약식 $12.5X_1 + 20X_2 = 100$이 만나는 점이 된다.

상기식은 변수가 2개, 방정식이 2개이므로 대입법을 이용하여 풀이하면, $X_1 = 6 - X_2$를 7월노동제약식에 대입하여 X_1을 구할 수 있다.

$\rightarrow 12.5 \times (6 - X_2) + 20X_2 = 100$

$\rightarrow 75 - 12.5X_2 + 20X_2 = 100$

$\rightarrow 7.5X_2 = 100 - 75 = 25$

$\therefore X_2 = 25/7.5 = 3.3$이 된다.

$\rightarrow X_2 = 3.3$을 토지제약식 $X_1 + X_2 = 6$에 대입하면 X_1은 $6 - 3.3 = 2.7$이 된다.

결과적으로 한국농장은 최적점에서의 토마토와 오이 재배면적은 오이 27a, 토마토 33a이며 각각의 재배면적을 목적함수에 대입하면 한국농장의 이익은 54.7만원 $= ((2.7 \times 8만원) + (3.3 \times 10만원))$이 된다.

그림 1-4 │ 선형계획법에 의한 이익최대화 도식

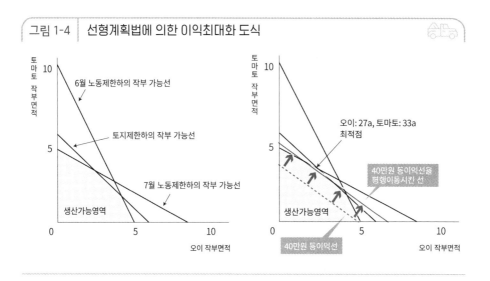

1.3 복합경영농가의 작부체계 개선효과 분석

　한국농장에서는 논 1.1ha와 밭 1.0ha을 가지고 있다. 논에서는 벼농사를 1.1ha를 재배하고 있으며 후작으로 마늘을 0.4ha 재배하고 있다. 밭에서는 고추와 콩을 재배하고 있으며 콩후작으로 가을무를 재배하고 있다. 현재 노동력은 경영주 부부와 경영주의 부친이 같이 영농을 도와주고 계시지만 부친은 외부활동 등으로 인해 성인의 80% 정도의 노동력을 제공하고 있다.

표 1-1	한국농장의 경영개황		
경지면적		작목별 재배면적 현황	
논	110a	벼	110a
		마늘(벼후작)	40a
밭	100a	고추	30a
		콩	70a
		가을배추(콩후작)	70a
계	210a		

　한국농장에서는 현재 재배하는 작목 이외에 참깨, 땅콩, 가을무, 봄배추를 추가로 생산하여 높은 순이익을 올리도록 작부체계를 개선하고자 한다.

　작부체계 개선을 위해 보유하고 있는 논밭의 위치, 토양, 수리조건 등을 조사해본 결과 논 1.1ha는 벼 재배 후 후기작으로 마늘을 0.5ha까지 재배가 가능하고, 밭 1.0ha 중 고추, 참깨, 땅콩 단작이 가능한 면적이 0.4ha 전작으로 콩이나 봄배추를 재배하고 후기작으로 가을 배추, 가을 무 재배가 가능한 면적이 0.6ha이다.

　작목별 10a당 순이익, 작목별 월별 노동시간 소요량 그리고 농가의 월별 노동력 공급가능량은 <표 1-2>, <표 1-3>, <표 1-4>와 같다. 한국농장의 순이익을 최대로 하는 작부체계를 구하면 어떻게 될까?

표 1-2	작목별 10a당 순이익								
	벼	마늘	고추	참깨	땅콩	콩	봄배추	가을배추	가을무
순이익 (천원)	408	766	296	220	190	114	222	351	470

표 1-3	작목별 월별 노동시간 소요량								[단위: 시간/10a]
월	벼	마늘	고추	참깨	땅콩	콩	봄배추	가을배추	가을무
4	10	6	23	0	45	24	20	0	0
5	13	19	39	44	10	25	32	0	0
6	23	55	23	16	20	8	20	0	0
7	9	40	32	14	16	5	0	0	0
8	6	22	0	0	10	13	0	31	67
9	0	18	48	34	5	14	0	53	18
10	23	54	28	0	45	0	0	23	8
11	7	9	0	0	0	0	0	68	47

표 1-4	월별 노동력 공급 가능량							
	4월	5월	6월	7월	8월	9월	10월	11월
노동력공급 (시간)	630	700	700	700	700	700	630	630

수리모형화

조사된 자료를 토대로 목적함수와 제약 조건식을 만들어 보자. 우리가 알고자 하는 것은 소득을 최대로 할 수 있는 벼, 마늘, 고추 등의 각 작목별 재배 면적이다.

표 1-5	재배작목별 변수							
벼	마늘	고추	참깨	땅콩	콩	봄배추	가을배추	가을무
X_1	X_2	X_3	X_4	X_5	X_6	X_7	X_8	X_9

이제 선형계획법을 위한 목적함수와 제약 조건식을 다음과 같이 작성할 수 있다.

- maximize Z = $408X_1 + 766X_2 + 296X_3 + 220X_4 + 190X_5 + 114X_6 + 222X_7 + 351X_8 + 470X_9$
- 토지 제약(논): $X_1 \leq 11$
- 토지 제약(논2기작): $X_2 \leq 5$
- 토지 제약(밭단작): $X_3 + X_4 + X_5 \leq 4$

- 토지 제약(밭전작): $X_6 + X_7 \leqq 6$
- 토지 제약(밭후작): $X_8 + X_9 \leqq 6$
- 노동제약(4월): $10X_1 + 6X_2 + 23X_3 + 45X_5 + 24X_6 + 20X_7 \leqq 630$
- 노동제약(5월): $13X_1 + 19X_2 + 39X_3 + 44X_4 + 10X_5 + 25X_6 + 32X_7 \leqq 700$
- 노동제약(6월): $23X_1 + 55X_2 + 23X_3 + 16X_4 + 20X_5 + 8X_6 + 20X_7 \leqq 700$
- 노동제약(7월): $9X_1 + 40X_2 + 32X_3 + 14X_4 + 16X_5 + 5X_6 \leqq 700$
- 노동제약(8월): $6X_1 + 22X_3 + 3X_4 + 10X_5 + 13X_6 + 31X_8 + 67X_9 \leqq 700$
- 노동제약(9월): $18X_2 + 48X_3 + 34X_4 + 5X_5 + 14X_6 + 53X_8 + 18X_9 \leqq 700$
- 노동제약(10월): $23X_1 + 54X_2 + 28X_3 + 45X_5 + 23X_8 + 8X_9 \leqq 630$
- 노동제약(11월): $7X_1 + 9X_2 + 68X_8 + 47X_9 \leqq 630$
- 비음조건: $X_1, X_2, X_3, X_4, X_5, X_6, X_7, X_8, X_9 > = 0$

엑셀시트 모형화

수리모형화된 모형을 Excel에 입력하면 <그림 1-5>와 같다.

| 그림 1-5 | 복합영농농가 선형계획법 초기해 | |

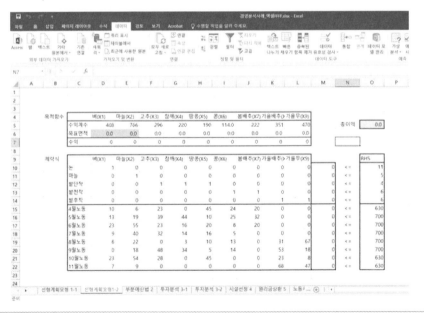

1. 입력자료

- D5:L5는 벼, 마늘 등 9개 작목의 이익계수를 입력한다.
- D10:L14는 전후작 관련 밸런스 계수를 입력한다
- D15:L22는 4~11월까지 9개 작목별 10a당 노동필요량을 입력한다.
- O10:O14는 재배면적 최대 공급가능량을 입력한다.
- O15:O22는 월별 노동 최대 공급가능량을 입력한다.

2. 값을 바꿀셀

- D6:L6은 9개 작목별 재배면적

3. 수식셀

- M10 = SUMPRODUCT($D$6:$L$6, D10:L10)
- M11 = SUMPRODUCT($D$6:$L$6, D11:L11)
- M12 = SUMPRODUCT($D$6:$L$6, D12:L12)
- M13 = SUMPRODUCT($D$6:$L$6, D13:L13)
- M14 = SUMPRODUCT($D$6:$L$6, D14:L14)
- M15 = SUMPRODUCT($D$6:$L$6, D15:L15)
- M16 = SUMPRODUCT($D$6:$L$6, D16:L16)
- M17 = SUMPRODUCT($D$6:$L$6, D17:L17)
- M18 = SUMPRODUCT($D$6:$L$6, D18:L18)
- M19 = SUMPRODUCT($D$6:$L$6, D19:L19)
- M20 = SUMPRODUCT($D$6:$L$6, D20:L20)
- M21 = SUMPRODUCT($D$6:$L$6, D21:L21)
- M22 = SUMPRODUCT($D$6:$L$6, D22:L22)

4. 목표셀

- O5 = SUMPRODUCT(D5:L5, D6:L6)

해찾기 실행

1. **목표셀:** 해찾기 모델 목표셀은 목적함수가 들어있는 O5를 클릭한다.

2. **해의 조건:** 해의 조건은 이익의 최대화를 목표로 하므로 최대값을 클릭한다.

3. **값을 바꿀셀:** 변경할 셀은 각 작목별 재배면적이므로 D6에서 L6을 입력한다.

4. **제한조건:** 제한조건으로 M10에서 M22까지는 O10에서 O22까지보다 작거나 같아야 한다는 조건을 수식으로 넣고 실행을 클릭하고 해찾기 결과 도표가 나오면 구한 해로 바꾸기를 클릭하고 확인 단추를 누르면 계산 결과가 나온다.

| 그림 1-6 | 해찾기 방법 | |

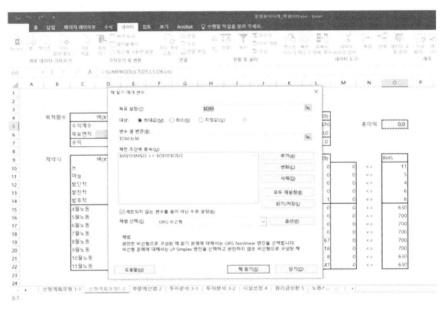

작부체계 계측결과

선형계획법을 이용하여 작부체계를 개선한 이후 작부면적 및 이익의 변화는 <표 1−6>과 같다.

선형계획법에 의한 계획 이전 작부체계와 최적 작부체계를 비교해보면 순이익이 11,695천원에서 13,269천원으로 증가하는 것으로 분석되었다. 재배면적은 논에서의 벼 재배면적은 동일하지만 마늘 후작면적을 5ha까지 증가시켜 수익을 증대시킨다. 밭에서는 단작으로 고추와 콩을 각각 3ha, 7ha 재배하고 있지만 고추와 콩을 각각 2.1ha, 2.2ha까지 줄이고 참깨 재배면적을 1.9ha까지 확대시킬 필요가 있다. 또한 밭 7ha에서는 전작으로 콩을 후작으로 가을배추를 재배하고 있지만, 최적안에서는 전작으로 콩을 줄이는 대신에 봄배추를 새로 3.8ha까지 도입하고 후작도 가을배추 대신에 가을무를 재배하는 것이 순이익을 증대시키는 방안으로 도출되었다.

표 1-6	선형계획 전후의 작부면적와 이익변화					
구분		현재 작부체계			최적 작부체계	
		재배규모	이익계수	수익	재배규모	수익
논	벼(전작)	11.0	408	4,488	11.0	4,488
	마늘(후작)	4.0	766	3,064	5.0	3,830
밭	고추(단작)	3.0	296	888	2.1	624
	참깨(단작)	−	220	−	1.9	416
	콩(전작)	7.0	114	798	2.2	254
	봄배추(전작)	−	222	−	3.8	837
	가을배추(후작)	7.0	351	2,457	−	−
	가을무(후작)	−	470	−	6.0	2,820
합계		32.0	−	11,695	32.0	13,269

그림 1-7	복합영농농가 선형계획법 계측결과	

수식 입력줄: `=SUMPRODUCT(D5:L5,D6:L6)`

목적함수

	배(X1)	마늘(X2)	고추(X3)	참깨(X4)	영콩(X5)	콩(X6)	봄배추(X7)	가을배추(가)(X8)	가을무(X9)	총이익
수익계수	408	766	296	220	190	114.0	222	351	470	
목표면적	11.0	5.0	2.1	1.9	0.0	2.2	3.8	0.0	6.0	13269.4
수익	4488	3830	624	416	0	254	837	0	2820	

제약식

제약식	배(X1)	마늘(X2)	고추(X3)	참깨(X4)	영콩(X5)	콩(X6)	봄배추(X7)	가을배추(X8)	가을무(X9)	값	부등호	RHS
배	1	0	0	0	0	0	0	0	0	11	<=	11
마늘	0	1	0	0	0	0	0	0	0	5	<=	5
밭전작	0	0	1	1	1	0	0	0	0	4	<=	4
밭후작	0	0	0	0	0	1	1	0	1	6	<=	6
1월노동	10	6	23	0	45	24	20	0	0	317.381	<=	630
4월노동	6	23	39	44	10	25	32	0	0	579.8601	<=	700
5월노동	13	19	44	10	25	32	0	0	0	700	<=	700
6월노동	23	55	23	16	8	20	20	0	0	404.0744	<=	700
7월노동	9	40	32	14	16	13	0	31	0	612.6577	<=	700
8월노동	6	22	0	3	10	14	0	67	0	394.7083	<=	700
9월노동	0	18	48	34	5	0	0	53	1	630	<=	630
10월노동	23	0	28	45	0	0	0	18	0	700	<=	700
11월노동	7	9	0	0	0	0	0	8	47	47	<=	630

1.4 목표계획법(GP)에 의한 경영계획

농업경영인은 경영계획을 작성함에 있어 복수의 기준에 따라 계획을 입안하거나 대체안을 평가하는데 이 방법을 다기준의사결정분석이라고 한다. 그 가운데 목적함수가 복수인 경우의 수리계획법이 다목적계획법이며 목표계획법의 목적은 복수 목표를 만족하는 경영계획을 세우는 것이다. 다시 말하면 목표계획법은 이익 최대화나 비용 최소화라는 하나의 목표 이외에도 서로 상충되는 여러 가지 목표가 있을 경우의 수리계획법이다.

목표계획법(Goal Programming)은 여러 목표들에 우선순위를 부여하고 순위가 높은 목표들을 우선적으로 최적화한다. 목표에 미달하거나 초과하는 값을 표시하는 편차변수를 도입하여 편차합의 최소화를 목적함수로 설정하는 수리계획법이다.

편차변수는 미리 정해진 목표와의 차이를 나타내는 값으로써 목표 값보다 큰 편차는 d+, 목표 값보다 작은 편차는 d-로 표시한다.

목적함수를 추정하는 방법은 편차변수의 편차를 최소화시킨다. 편차변수의 편차를 최소화 하는 방법은 목표 설정 유형에 따라 달라진다. 목표 설정에 있어서 목표로 설정된 값보다 커야 좋은 목표일 경우에는 미달을 나타내는 편차변수(d-)를 최소화하도록 설정하고, 반대로 설정된 값보다 적어야 좋은 목표일 경우에는 초과를 나타내는 편차변수(d+)를 최소화하도록 설정한다. 목표들의 우선순위가 순차적으로 정해진 경우에는 우선순위가 높은 목표들부터 편차변수의 계수를 높은 순으로 결정하여 목표들의 우선순위를 부여한다. 그러나 목표들의 우선순위가 정해져 있지 않은 경우에는 각 목표들에 대한 가중치를 부여하여 편차들의 가중합을 최소화시킨다.

선형계획법 예제를 이용하여 목표계획법에 의한 채소농가의 작부체계 선정방법을 설명하면 다음과 같다.

수리모형화

선형계획법을 이용한 채소농가의 이익최대화 수리모형은 다음과 같다.

- maximize Z $= 8X_1 + 10X_2$
- 토지 제약:　　$X_1 + X_2 \leqq 6$
- 6월노동제약:　$12X_1 + 6X_2 \leqq 60$
- 7월노동제약:　$12.5X_1 + 20X_2 \leqq 100$

$$X_1 \geqq 0,\ X_2 \geqq 0$$

선형계획법에 의한 작부체계 최종안은 오이 27a, 토마토 33a를 재배하여 54.7만 원의 이익을 얻는 작부체계 계획안이다.

채소농가의 경영목적이 단순히 이익 최대화에 있지 않고 다음과 같은 4가지 목 표에 우선순위가 있다고 가정한다. 다시 말하면

1. 10a당 이익을 54.7만원으로 한다.
2. 토지 투입은 최소화한다.
3. 6월 노동시간을 최소화한다.
4. 7월 노동시간을 최소화한다.

목표계획법에서는 4가지 목표에 각각의 제약식을 다음과 같이 설정한다.

1. 이익목표제약은 설정된 목표(54.7만원) 보다 커야 좋은 경우이므로 d_1^- 를 최소 화하도록 목표를 설정한다.
2. 토지면적제약은 설정된 목표(60a)보다 작아야 좋은 경우이므로 d_2^+ 를 최소화 하도록 목표를 설정한다.
3. 6월노동과 7월노동제약도 목표보다 작아야 좋은 경우이므로 d_3^+ 와 d_4^+ 를 최소 화하도록 목표를 설정한다.

4가지 목표제약식을 달성하기 위한 목표계획모형의 수리모형은 다음과 같다.

- Min. Z $=$　　$p_1 d_1^- + p_2 d_2^+ + p_3 d_3^+ + p_4 d_4^+$
- 이익목표제약:　$8X_1 + 10X_2 + d_1^- - d_1^+ = 54.7$
- 토지면적제약:　$X_1 + X_2 + d_2^- - d_2^+ = 6$
- 6월노동제약:　$12X_1 + 6X_2 + d_3^- - d_3^+ = 60$
- 7월노동제약:　$12.5X_1 + 20X_2 + d_4^- - d_4^+ = 100$

$$X_1,\ X_2,\ d_i^- - d_i^+ \geqq 0\,(i=1,\,2,\,3,\,4)$$

엑셀시트 모형화

1. 입력자료

- B6:C6(이익계수), B7:C7(토지계수), B8:C8(6월노동계수), B9:C9(7월노동계수)를 입력한다.
- D6:K9(목표제약식의 편차변수)에 자료를 입력한다.

2. 변경셀

- B2:K2(생산량변수)

3. 우선순위

- B4:K4에 목표제약식의 우선순위 값을 입력한다. 우선순위가 높을수록 목표분석에서 비교할 수 없을 정도의 큰 숫자를 부여한다.
- 1순위에 999999값을 E4셀에 입력하고 2순위는 99999를 F4셀에 그리고 3순위는 9999를 H4셀에 마지막으로 4순위는 999를 J4셀에 입력한다.

그림 1-8 │ 목표계획법 초기해

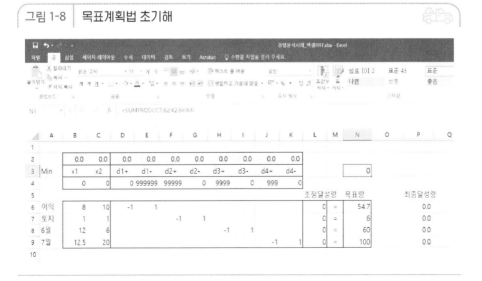

4. 목표셀

- N3＝SUMPRODUCT(B2:K2,B4:K4)

5. 제한조건

- L6:L9(조정달성량)과 N6:N9(목표량)을 제한조건으로 설정한다.
- L6＝SUMPRODUCT($B$2:$K$2,B6:K6)
- L6:L9셀에는 L6셀을 L9까지 복사한다.
- N6:N9은 목표량을 입력한다.

해찾기 실행

1. 목표셀, 변경셀, 제한조건을 ＜그림 1−9＞와 같이 입력한다.

그림 1-9	목표계획법 해찾기 방법

2. 선형모델가정 및 비음수 난에 체크하고 해찾기 모델을 실행시키면 <그림 1-10>과 같은 결과를 구할 수 있다.

그림 1-10 | 목표계획법 해찾기 실행결과

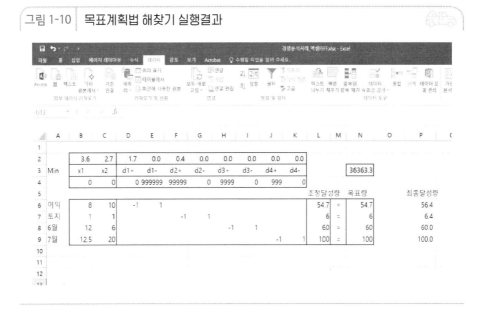

- 해찾기를 실행시킨 결과 우선순위 1의 목표값을 최대화하는 작목별 재배면적은 오이 36a, 토마토 27a이며 이익은 56.4만원으로 목표량 54.7만원보다 1.7만원 초과하였고 초과편차는 D2셀에 발생하고 있다.
- 우선순위 2의 목표값을 최소화하는 면적은 64a로 계측되어 목표량 60a을 초과하는 초과편차가 F2셀에 0.4 발생하고 있다.
- 다음으로 우선순위 3과 우선순위 4는 목표값을 정확히 달성하여 H2셀과 J2셀에 0으로 계측된다.

제 2 장

작물대체분석

작물대체분석

2.1 부분예산법

농장예산법은 일종의 농업경영 계획방법 가운데 하나이다. 예산법은 농장경영 계획을 수립할 때 수입과 지출을 예측하고 소득 또는 순이익 추정을 목적으로 한다. 농장예산법은 크게 부분예산법, 순예산법 및 현금수지예산법으로 구분할 수 있다.

부분예산법은 현존하는 경영관행을 부분적으로 변경할 경우 발생하는 수입과 비용결과를 고찰·비교하여 새로운 경영형태의 도입 여부를 결정하는데 필요한 자료를 제공한다. 부분적인 변경은 생산 또는 경영규모의 확대, 생산물대체 및 요소대체를 들 수 있다. 경영규모의 확대는 1.5ha의 벼농사를 경작하는 수도작농가가 1.0ha의 타인 농지를 구입 또는 임차하여 2.5ha로 벼농사 면적을 확대하는 경우를 생각할 수 있다. 그리고 50두의 비육우 농가가 80두로 사육두수를 늘리는 사례를 들 수 있다. 생산물대체로서는 마늘재배농가가 고추재배로 재배작목을 바꾸는 경우를 생각할 수 있다. 생산요소의 대체는 노동에 의한 벼이앙의 관행적 방법을 이앙기를 이용하는 기계화로 바꾸는 경우를 들 수 있다.

부분예산법은 경영활동에 부분적 변경을 가했을 때 손실액과 이익액을 비교하여 후자가 전자보다 많으면 변경이 유익하고 그 반대면 불리하다는 판정을 내린다.

표 2-1	부분예산법 모형(생산물대체법)		
차변(손실항목)		**대변(이익항목)**	
a. 현존수입의 감소액	₩_____	c. 새로운 추가수입	₩_____
b. 새로운 추가비용	₩_____	d. 현존비용의 절감액	₩_____
소계 (A)	₩_____	소계 (B)	₩_____
		추정 손익액(B-A)	₩_____

2.2 작물 대체에 따른 수익성 변화 분석

한국농장은 10a의 밭에 쌀보리를 재배하고 있다. 현재 쌀보리 생산에 따른 손익
은 보리판매수익 108,500원과 부산물수익 6,800원에서 쌀보리 생산에 필요한 경
영비 55,000원을 제한 60,300원의 소득을 얻고 있는 것으로 조사되었다.

그러나 봄감자를 생산하면 봄감자 판매수익으로 253,300원의 수익을 얻을 수
있고 부산물수익도 900원 발생하는 것으로 조사되었다. 따라서 봄감자 생산에 필
요한 경영비 98,000원을 제한 소득이 156,200원으로 조사되었다. 비록 봄감자 생
산이 쌀보리 생산보다 경영비가 높지만, 수익이 증가하여 소득이 쌀보리보다 높은
것으로 파악된다. 사례분석에서는 부분예산법을 이용하여 쌀보리를 봄감자로 대
체할 경우의 추정손익액을 구하는 문제를 풀어본다.

엑셀시트 모형화

1. 입력자료

- C4:C5는 기존작물(쌀보리) 수익을 입력한다.
- C7는 기존작물(쌀보리) 경영비를 입력한다.
- D4:D5는 신규작물(봄감자) 수익을 입력한다.
- D7는 신규작물(봄감자) 경영비를 입력한다.

2. 수식셀

- C8은 기존작물(쌀보리) 소득을 계산한다.
- D8은 신규작물(봄감자) 소득을 계산한다.

그림 2-1 | 부분예산법 원자료

계측결과

　부분예산법의 차변에는 작물대체로 인해 발생하는 손실금액을 기입한다. 본 사례에서는 새로운 추가적 비용(봄감자 경영비)과 현존수익(보리재배 수익과 보리 부산물 수익)의 감소 금액의 합계를 말한다. 대변에는 작물대체로 인해 발생하는 이익금액을 기입한다. 수익액은 새로운 수익(봄감자 수익과 봄감자 부산물 수익)의 발생액과 현존비용액(쌀보리 경영비)의 감소액의 합계를 대변에 기입한다.

그림 2-2 | 부분예산법 계측결과

부분예산법에 의한 결과

손실항목		이익항목	
현존수익 감소액		새로운 추가수익	
보리수익 감소액	108,500	감자수익	253,300
부산물수익 감소액	6,800	감자부산물수익	900
새로운 추가비용		현존비용 절감액	
봄감자경영비	98,000	쌀보리 경영비	55,000
소계(A)	213,300	소계(B)	309,200
		추정손익액(B-A)	95,900

이 모형에서 이익 항목인 대변의 합계 B(309,200원)에서 손실 항목인 차변의 합계 A(213,300원)를 공제한 잔액(95,900원)이 양(+)이면, 다시 말하면 (B－A) > 0면 대체하는 것이 유리하고, 반대로 잔액이 음(−)이면, 즉 (B－A) < 0이면 대체하는 것이 불리하다는 판정을 내리게 된다. 이번 예제에서는 추정손익액(B－A)이 95,900원이므로 양(+)으로 산출되어 작물 대체가 유리한 것으로 판단된다.

제 3 장

시설투자분석

시설투자분석

3.1 시설투자 분석지표

농업경영자가 창업을 계획하거나 또는 기존 영농시설의 규모 확대나 시설 현대화 등을 위해 기계나 시설과 같은 고정자산에 대규모로 투자할 경우, 사전에 투자의 타당성을 분석하여야 한다. 투자분석 방법은 단 하나의 계획안을 가지고 그 채택여부를 결정하는 경우와 2개 이상의 계획안 중에서 더욱 유리한 계획안을 선택하기 위한 수단으로 사용된다.

투자가 경제성이 있는지를 평가하는 기준이 되는 지표로서는 첫째, 비용편익비율(B/C Ratio), 내부수익률(IRR)과 같이 비율을 기준으로 하는 방법과 둘째, 순현재가치(NPV)와 같이 금액을 기준으로 하는 방법 그리고 셋째, 원금회수기간과 같이 기간을 기준으로 하는 방법이 있다.

3.1.1. 비용편익비율

비용편익비율은 편익의 현재가치의 합계를 비용의 현재가치의 합계로 나눈 비율을 말한다. 편익이 비용보다 크면 비용편익비율은 1보다 크게 되므로 투자가치가 있다고 판단하고, 1보다 적으면 투자가치가 없다고 판단한다.

비용편익비율을 구하는 공식은 다음과 같다.

$$B = \frac{b_1}{1+r} + \frac{b_2}{(1+r)^2} + \cdots\cdots + \frac{b_n}{(1+r)^n} = \sum_{t=1}^{n} \frac{b_t}{(1+r)^t}$$

$$C = c_0 + \frac{c_1}{1+r} + \frac{c_2}{(1+r)^2} + \cdots\cdots + \frac{c_{n-1}}{(1+r)^{n-1}} = \sum_{t=0}^{n-1} \frac{c_t}{(1+r)^t}$$

내용연수: n, t기 편익: B_t, t기 비용: C_t, $t = 1, 2 \cdots n$,   할인율: r

$$비용편익비율(\text{B/C}) = \frac{B}{C} = \frac{\displaystyle\sum_{t=0}^{n} \frac{b_t}{(1+r)^t}}{\displaystyle\sum_{t=0}^{n} \frac{c_t}{(1+r)^t}}$$

비용편익비율 역시 할인율을 어떻게 정하는가에 따라 비용편익비율이 1이상이 될 수도 있고 1이하가 될 수도 있으므로 적정할인율(이자율)의 선택을 신중히 할 필요가 있다.

3.1.2. 순현재가치

순현재가치(Net Present Value, NPV)는 연도별로 발생하는 수익과 비용을 모두 현재가치로 전환하여 합계를 계산하고 수익의 합계에서 비용의 합계를 뺀 수치를 말한다. 순현재가치를 구하는 방법은 두 가지 방법이 있다.

첫 번째 방법은 먼저 연차별 비용은 비용대로 현재가치로 전환해서 그 합계를 계산하고 수익은 수익대로 현재가치로 전환하여 그 합계를 산출한다. 이후 수익의 합계에서 비용의 합계를 빼서 순현재가치를 구한다. 두 번째 방법은 매년 수익에서 비용을 뺀 현금흐름을 계산하여 이를 수익으로 보고 순현재가치로 환산하여 순현재가치를 계산하는 방법이다.

계산된 순현재가치가 0보다 크면 수익이 비용보다 크므로 투자가치가 있다고 판단하고, 0보다 적으면 수익보다 비용이 크므로 투자가치가 없다고 판단한다.

순현재가치를 구하는 공식은 다음과 같다.

$$NPV = \frac{B_1 - C_1}{(1+r)^1} + \cdots + \frac{B_t - C_t}{(1+r)^t} + \cdots + \frac{B_n - C_n}{(1+r)^n}$$

B_t = 시점 t에서 발생한 편익,　C_t = 시점 t에서 발생한 비용,　r = 할인율,　n = 연수

3.1.3. 내부투자수익률

순현재가치나 편익비용비율은 사용된 할인율에 따라서 투자가치가 있는 사업으로 판단될 수도 있고 투자가치가 없는 사업으로도 판단될 수 있는 경우가 발생 할 수 있다. 내부투자수익률(IRR, Internal Rate of Return)은 순현재가치(NPK)가 0이 되거나 편익비용비율(B/C)이 1이 되는 할인율을 계산한 지표이다.

내부투자수익률을 구하는 공식은 다음과 같다.

$$\sum_{t=1}^{n} \frac{b_t}{(1+r)^t} = \sum_{t=0}^{n} \frac{c_t}{(1+r)^t}$$

이렇게 계산된 내부투자수익률은 이 사업에 투여된 자원에 대하여 지불 가능한 최대 수익률을 나타낸다. 따라서 투자판단을 할 경우 내부투자수익률이 높을수록 투자가치가 있는 사업으로 판단할 수 있다. 내부투자수익률은 순현재가치(NPV)나 편익비용비율(B/C) 계산시 최대의 난점인 할인율을 결정하는 어려움을 없애고 투자 자본액의 수익률을 나타낼 수 있다는 장점이 있다.

3.2 트랙터 투자효과 분석

한국농장에서는 사업다각화 측면에서 트랙터(취득가액 50,000천원, 내구연수 8년)를 구입하여 농작업 위탁 사업을 시작하려고 한다.

트랙터로 농작업을 하는데 소요되는 비용은 1차년도 13,000천원, 2차년도

13,390천원, 3차년도 13,792천원, 4차년도 14,205천원, 5차년도 14,632천원, 6차년도 15,071천원, 7차년도 15,523천원, 8차년도 15,988천원이다. 수익은 1~4차년도 23,000천원, 5~8차년도에 각각 25,000천원의 수수료 수익이 발생할 전망이다.

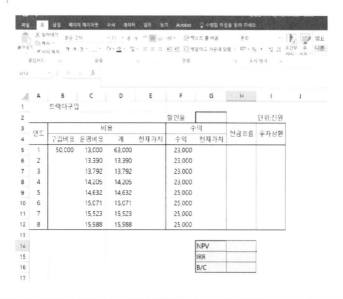

| 그림 3-1 | 트랙터 투자에 따른 수익 및 비용 |

순현재가치

순현재가치(NPV)는 연도별로 발생되는 수익과 비용을 모두 현재가치로 전환하여 합계를 계산하고 수익의 합계에서 비용의 합계를 뺀 수치를 말한다.

1. 먼저, 매년 수익에서 비용을 뺀 현금흐름을 H셀에 계산한다.

- H5셀에＝F5－D5 공식을 넣어 첫해년도의 현금흐름을 계산한다.
- H5셀의 수식을 복사하여 H6셀부터 H12셀까지 복사한다.

2. 다음으로 연차별 현금흐름을 이용하여 현재가치로 환산한다.

- H14셀에＝NPV($G$2, H5:H12)을 넣고 Enter key를 누른다.

• H14셀에 18,544천원의 순현재가치가 계산된다.

　본 사례에서는 순현재가치가 18,544천원으로 0보다 크기 때문에 투자가치가 있다고 판단할 수 있다. 그러나 순현재가치를 사용하여 투자분석에 활용할 경우에는 할인율이 변동됨에 따라 순현재가치가 0보다 크거나 작기 때문에 적정할인율의 결정에 주의가 필요하다.

비용편익비율

　비용편익비율은 편익의 현재가치의 합계를 비용의 현재가치의 합계로 나눈 비율을 말한다.

1. 먼저, 할인율 3%를 이용하여 미래가치를 현재가치로 전환한다.

• E5셀에 미래가치를 현재가치로 전환하는 계산식 E5＝D5/(1＋$G$2)^A5를 입력하고 계산한 이후에 E5셀을 복사하여 E6셀부터 E12셀까지 복사한다.
• E13셀에는 비용에 대한 현재가치의 합계를 구하기 위한 계산식＝SUM(E5:E12)를 입력하고 Enter key를 누른다.

2. 수익에 대한 현재가치의 합계도 같은 방법으로 구할 수 있다.

• G5셀에 미래가치를 현재가치로 전환하는 계산식 G5＝F5/(1＋$G$2)^A5를 입력하여 계산한 이후에 G5셀을 복사하여 G6셀부터 G12셀까지 복사한다.
• G13셀에는 비용에 대한 현재가치의 합계를 구하기 위한 계산식＝SUM(G5:G12)를 입력하고 Enter key를 누른다.

3. 비용편익비율을 계산한다.

• 비용편익비율 H16셀에는＝G13/E13 식을 넣고 Enter key를 누른다.
• 여기서 편익이 비용보다 크면 비용편익비율은 1보다 크게 되므로 투자가치가 있다고 판단하고, 1보다 적으면 투자가치가 없다고 판단하면 된다.

내부투자수익률

내부투자수익률은 순현재가치(NPV)나 비용편익비율(B/C) 계산시 어려운 할인율을 결정하는 문제를 없애고 투자 자본액의 수익률을 나타낼 수 있다. 내부투자수익률은 컴퓨터를 활용하여 이러한 복잡한 계산식도 쉽게 풀 수 있다. H15셀에 =IRR(현금 흐름구간)이란 계산식을 활용하면 답을 구할 수 있다.

- 먼저 IRR을 구하는 계산식은 H15셀에 =IRR(H5:H12)이란 수식을 넣고 Enter key를 치면 바로 15%란 정답을 얻을 수 있다.
- 이번 사례는 자금조달 할인율이 3%이나 수익률이 15%이므로 투자가치가 있다고 볼 수 있다.

원금회수기간

원금회수기간은 사업에 돈을 투자하여 발생한 수익으로 투자비용을 상환할 수 있는 기간을 말하며 기간이 짧을수록 투자비용을 빨리 갚을 수 있으므로 좋다.

현재가치를 기준으로 원금회수기간은 다음과 같이 추정할 수 있다.

- I5셀에는 1차년도 수익의 현재가치(G5)에서 비용의 현재가치(E5)를 뺀 값=G5 − E5을 넣는다.
- I6셀에는 지난해 잔액(I5)에 금년도 수익(G6)을 더하고 금년도 비용(E6)을 뺀 값=I5 + G6 − E6를 입력한다.
- 이와 같은 방식으로 I6셀을 복사하여 H7셀부터 H12셀까지 복사하여 계산하면 6년차의 잔액이 −에서 +로 전환되므로 원금회수기간은 약 6년임을 알 수 있다.

| 그림 3-2 | 트랙터 투자효과 분석결과 | |

경영분석사례_액셀FFFF.xlsx - Excel

파일 홈 삽입 페이지 레이아웃 수식 데이터 검토 보기 Acrobat ♀ 수행할 작업을 알려 주세요.

H14   fx =NPV($G$2,H5:H12)

	A	B	C	D	E	F	G	H	I	J	K	L
1		트랙터구입										
2						할인율	3%		단위:천원			
3	연도		비용				수익		투자상환			
4		구입비용	운영비용	계	현재가치	수익	현재가치	현금흐름				
5	1	50,000	13,000	63,000	61,165	23,000	22,330	- 40,000	- 38,835			
6	2		13,390	13,390	12,621	23,000	21,680	9,610	- 29,777			
7	3		13,792	13,792	12,621	23,000	21,048	9,208	- 21,350			
8	4		14,205	14,205	12,621	23,000	20,435	8,795	- 13,536			
9	5		14,632	14,632	12,621	25,000	21,565	10,368	- 4,592			
10	6		15,071	15,071	12,621	25,000	20,937	9,929	3,724			
11	7		15,523	15,523	12,621	25,000	20,327	9,477	11,430			
12	8		15,988	15,988	12,621	25,000	19,735	9,012	18,544			
13					149,515		168,058					
14						NPV		₩18,544				
15						IRR		15%				
16						B/C		1.12				
17												
18												

3.3 유리온실 투자효과 분석

한국농장은 유리온실 1,300평을 설치하여 시설원예작물을 재배하고자 한다. 영농에 필요한 기자재 현황은 <표 3-1>과 같다. 채소재배시 수익성 분석을 해본 결과 조수입은 250,000천원, 생산비용은 130,000천원으로 추정된다. 투자에 필요한 자금조달은 연리 3%, 10년 균분 상환 조건으로 정책자금을 융자 받을 예정이다.

유리온실에 대한 투자의 타당성을 검토하시오. (단, 감가상각비 계산시 잔존가격 비율은 0으로 가정한다.)

표 3-1	투자분석자료[유리온실 1,300평]		
구분		**내용연수(년)**	**투자액(천원)**
투자비용	기초공사	20	52,080
	외피복공사	20	262,644
	내피복공사	3	30,450
	개폐장치	20	34,951
	강제환기장치	5	690
	관수장치	8	25,817
	전기공사	10	69,233
	관리사	20	54,894
	저수조	20	121,422
	난방시설	20	135,756
	CO2발생기	10	8,000
	방제기	8	2,800
	운반차	10	4,050
소계			802,787

투자분석순서

투자 대상 자산이 많고 내용연수도 다양한 모델의 투자분석순서는 다음과 같다
(<그림 3-3>과 <그림 3-4>를 참조).

- 1단계는 시설 및 기계 기타장비의 투자액과 내용연수를 모델에 입력하여 총
  투자비와 감가상각비를 계산한다(<그림 3-3>).
- 2단계는 투자대상시설 장비 등의 가중 평균내용연수를 추정한다(<그림 3-4>).
  S12셀에 계산식 = AVERAGE(D7:D19)을 입력하여 평균내용연수를 계산한다.
- 3단계는 S13셀에 = LOG(S9/(S9 − S6*S14))/LOG(1 + S14)를 입력하여 자본회
  수기간을 계산한다.

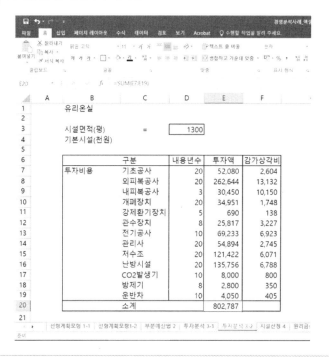

그림 3-3 | 한국농장 유리온실 투자비용

구분		내용년수	투자액	감가상각비
투자비용	기초공사	20	52,080	2,604
	외피복공사	20	262,644	13,132
	내피복공사	3	30,450	10,150
	개폐장치	20	34,951	1,748
	강제환기장치	5	690	138
	관수장치	8	25,817	3,227
	전기공사	10	69,233	6,923
	관리사	20	54,894	2,745
	저수조	20	121,422	6,071
	난방시설	20	135,756	6,788
	CO2발생기	10	8,000	800
	방제기	8	2,800	350
	운반차	10	4,050	405
소계			802,787	

유리온실
시설면적(평) = 1300
기본시설(천원)

- 4단계는 순수익란에 손익계산서의 순수익을 입력한다. S9셀에 조수익에서 순수익을 빼는 계산식 =S7−S8을 입력하여 순수익을 계산한다.
- 5단계는 투자분석에 적용할 할인율(자금출처별 이자율의 가중평균값)을 결정하여 Model에 입력한다. S14셀에 할인율 3%를 입력한다.
- 6단계는 할인율에 따라 현재가치로 환산된 수익의 합계, 순현재가치(NPV), 비용편익비율(B/C)을 계산한다.
  ① 현재가치로 환산된 수익의 합계는 $SSF = S/r \times (1 - 1/(1+r)^n)$로 계산한다(여기서, SSF는 현재가치로 전환된 수익의 합계, S는 매년 발생되는 수익, r은 할인율, n은 내구연수).
  S18셀에 현재가치로 환산된 수익의 합계를 구하는 계산식 =S9/S14*(1−1/(1+S14)^S12)을 입력한다.
  ② 순현재가치(NPV)는 S19셀에 순현재가치 계산식 =NPV(S14,O8:O20)을 입력한다.

③ 비용편익비율(B/C)은 수익합계를 현재가치로 환산한 금액을 비용합계를 현재가치로 환산한 금액으로 나누어 계산한다. S17셀에 계산식 =N21/L21을 입력한다.

- 7단계는 내부투자수익률(IRR)을 산출한다. Excel을 활용하여 내부수익률을 찾기 위하여 '목표값 찾기'란 기능을 활용하면 쉽게 산출할 수 있다. 찾는 순서는 다음과 같다(<그림 3-5>).

① 모델의 IRR에서 B/C란에 $(C\{r(1+r)^n\}/S\{(1+r)^n-1\})$라는 B/C를 계산하는 공식을 입력한다. S16셀에 IRR에서 B/C를 계산하는 계산식 =S6*(S15*(1+S15)^S12)/(S19*((1+S15)^S12-1))를 입력한다.

② 내부투자수익률에 임의의 숫자를 입력한다. 임의의 숫자는 5단계에서 결정한 할인율과 비슷한 숫자를 입력한다. S15셀에 임의의 할인율 10%를 입력한다.

③ [데이터]-[가상분석]-[목표값 찾기]를 클릭하면 목표값 찾기 도표가 나온다(<그림 3-4>). 수식셀에는 ①의 수식이 입력된 S16셀을 입력한다. 찾는 값은 IRR은 B/C가 1일 때의 할인율이므로 찾는 값에 1을 입력한다. 값을 바꿀 셀은 IRR을 ②의 임의의 숫자에서 컴퓨터가 입력된 숫자로 바꾸어 가면서 계산을 반복하여 정확한 숫자를 구해야 하므로 가상 숫자가 입력된 S15셀 번호를 입력하고 확인 단추를 누르면 된다.

④ 목표값 찾기를 실행한 결과 내부투자수익률(IRR) S15셀이 51%로 바뀌어 계산되었음을 알 수 있다(<그림 3-5>).

그림 3-4 | 내부투자수익률 계산 목표값 찾기 도표

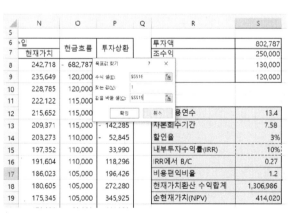

- 8단계는 분석 결과치를 분석하고 이를 토대로 의사결정을 한다.

투자분석 결과를 검토해 보면
- 첫째, B/C가 1 이상이고, 순현재가치(NPV)가 0보다 크며 내부수익율(IRR)도 할인율보다 크기 때문에 투자가치가 있는 사업으로 판단된다.
- 둘째, 정상적인 수익으로 자금을 회수하는데 7.58년이 소요되나 융자시 자금 상환기간이 10년이므로 자금 상환에 약간 어려움이 예상되나 큰 차질은 없을 것으로 판단된다.
- 셋째, 자금을 상환한 후에도 약 6년간 시설을 더 사용할 수 있다. 이러한 점을 종합해 볼 때 이 사업은 큰 무리가 없으며 투자할 가치가 있다고 본다.

그림 3-5 | 한국농장의 유리온실 투자분석 결과

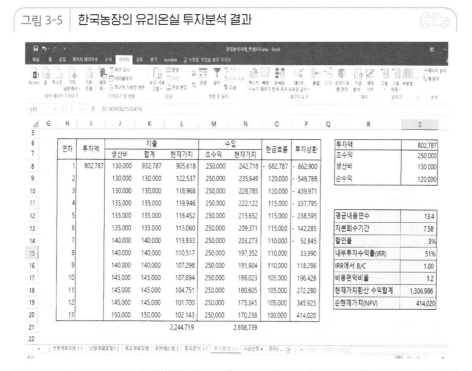

제 4 장

시설선정분석

시설선정분석

4.1 계층분석과정

4Saaty에 의해 개발된 계층분석과정(AHP)은 의사결정의 계층구조를 구성하고 있는 요소간의 쌍대비교(Pairwise Comparison)를 통해 계량화가 곤란한 문제나 애매한 상황 하에서 의사결정을 하는데 유용한 방법이다.

AHP분석은 목표들 사이의 중요도(weight)를 계층적으로 나누어 파악함으로써 각 대안들의 중요도를 산출하는 방법으로 고정비용이나 유동비용과 같은 정량적인 자료 뿐만 아니라 냄새의 정도나 이동의 편리성 등과 같은 정성적인 자료도 동시에 고려할 수 있다는 특징이 있다. 또한 AHP분석은 수학적으로 이론이 증명되어 있고 간편하게 실제에 적용시킬 수 있으며 활용의 대상이 다양하다는 특징 때문에 의사결정이 요구되는 다양한 분야에서 폭넓게 활용되고 있다.

AHP분석을 이용하여 의사결정 문제를 해결하고자 하는 경우에는 다음과 같은 4단계를 거친다.

[1단계] 의사결정문제의 계층화(Hierarchy of Decision Problem)

- 의사결정문제를 서로 관련된 의사결정사항들의 계층으로 분류하여 의사결정 계층(Decision Hierarchy)을 설정한다. 이 단계에서 문제의 각 요소를 최종목표, 평가기준, 대체안으로 분류하여 여러 의사결정사항들을 계층화한다.

- 계층의 최상층에는 가장 포괄적인 의사결정의 목적이 설정되며, 그 다음의 계층들은 의사결정의 목적에 영향을 미치는 서로 비교 가능한 다양한 속성들로 구성된다. 마지막으로 계층의 최하층은 선택의 대상이 되는 의사결정대안들로 구성된다.
- 이러한 평가기준을 설정함에 있어서 AHP에서는 항목간에 독립성이 유지되고, 상위항목에 대한 하위요인의 종속성이 확보되고, 처리가능한 항목의 수를 유지해야 한다는 상호배타, 완전결합성, 처리성이라는 평가기준선정의 기본 원리에 따라야 한다.

[2단계] 평가기준의 쌍대비교(Pairwise Comparison of Decision Element)

- 이 단계에서는 평가기준과 대체안의 중요도를 평가한다. 중요도 평가에는 쌍대비교법이 이용되는데 쌍대비교법은 복수의 비교항목이 있을 경우 그 가운데 임의의 2가지 항목을 선택하여 양자를 상대적으로 비교하는 방법이다. 이 방법은 <표 4-1>과 같은 쌍대비교표를 이용하여 실시하며, 표에서 A, B, C란 3가지의 평가기준 또는 대체안을 평가하는 경우를 가정하고 있다.

표 4-1	쌍대비교표		
비교항목	A	B	C
A	1	5	…
B	1/5	1	…
C	…	…	1

- 또한 2가지 항목간의 상대적인 비교에는 일반적으로 표와 같은 9점 척도의 쌍대비교치가 이용된다.

표 4-2	쌍대비교치	
	쌍대비교치	평가의 의미
	1	A가 B보다도 같은 정도로 중요
	3	A가 B보다도 약간 중요
	5	A가 B보다도 매우 중요
	7	A가 B보다도 극히 중요
	9	A가 B보다도 절대적으로 중요
	2, 4, 6, 8	A가 B보다도 중간 정도로 중요

[3단계] 가중값의 추정(Estimation of Relative Weights)

- Saaty의 가중값 계산방법을 이용하여 의사결정요소들의 상대적인 가중값을 구한다. 이 단계에서 일관성지수(CI, Consistency Index)와 일관성비율(CR, Consistency Ratio)을 이용하여 쌍대비교에 의한 가중값이 논리적으로 일관성이 있는지를 검토한다. 일관성지수(CI)는 $\frac{\lambda_{max} - N}{N-1}$에 의해 계측되며, 쌍대비교행렬이 완전한 일관성을 가지면 CI값은 0이며 일관성이 낮을수록 큰 값을 가진다.
- 이와 함께 일관성을 판정하는 지표로써 일관성비율(Consistency Ratio)이 있다. 일관성비율(CR)은 $\frac{CI}{R}$로 계측되는데 쌍대비교행렬의 CI를 계산하여 표의 무작위 일관성지수(R)로 나눈 값이다.

표 4-3	무작위 일관성 지수								
행렬크기	2	3	4	5	6	7	8	9	10
무작위 일관성지수	0	0.58	0.90	1.12	1.24	1.32	1.41	1.45	1.49

[4단계] 가중값의 종합(Aggregation of Relative Weights)

- 마지막으로 4단계에서는 3단계에서 구한 평가기준의 가중값과 대체안의 가중값을 곱하여 의사결정사항들의 상대적인 가중값을 종합화한다. 이를 이용하여 평가대상이 되는 여러 대안들에 대한 종합순위를 얻는 단계이다.

4.2 가축분뇨 자원화 시설 선정 분석

축산으로 귀농을 계획 중인 A농가는 가축분뇨 자원화시설을 설치하려고 한다. 여러 가지 자원화시설은 장단점이 있기 때문에 선뜻 하나의 시설을 선정하기 어려웠다. 여기에서 사용된 가축분뇨 자원화시설에 대한 선정기준을 다단계 계층구조로 나타낸 것이 <그림 4-1>과 같다.

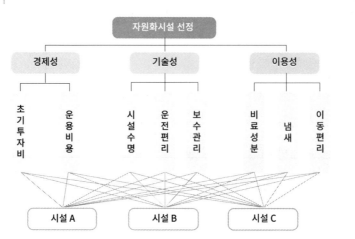

그림 4-1 가축분뇨 자원화시설 계층구조

자원화시설을 선정할 것인가에 대한 판단기준으로는 경제성과 기술성 그리고 이용성을 선정하였다. 이와 함께 경제성에는 초기투자비, 운영비용의 두 가지 항목을 선정하였고 기술성 항목에는 시설의 수명, 운전편리성, 보수관리용이성의 세 가지 항목을 선정하였으며 이용성에는 비료성분, 냄새, 이동편리성 항목을 선정하였다. 마지막으로 세 가지 시설(시설A, 시설B, 시설C)이 각각의 평가항목에서 어느 정도 중요한지를 조사하였다.

계층분석과정

계층분석과정 모형은 다음 단계를 거쳐 의사결정을 하게 된다.

① [1단계] 계층구조분석

- 쌍비교 행렬 작성: 쌍비교 행렬을 작성하여 동일한 계층 안에 있는 기준들 간의 가중치를 계산한다. 여기서는 3단계에 걸쳐 쌍비교를 실시하였다.

표 4-4	A농가의 쌍비교 평가표		
쌍비교	더 중요한 기준		중요도 수치
경제성-기술성	기술성		3
경제성-이용성	경제성		3
기술성-이용성	기술성		7

- EXCEL에서는 C74:S76셀에 해당하는 설문결과를 입력한다.
- A농가가 자원화시설을 선정함에 있어 기준1(경제성)과 기준2(기술성)를 비교했을 때 기준2(기술성)가 기준1(경제성)보다 "약간 더 중요(3)"하다고 판단할 경우 M74셀에 1을 입력한다.
- 또한 기준1(경제성)과 기준3(이용성)을 비교할 때에는 기준1(경제성)이 기준3(이용성)보다 "약간 더 중요(3)"하다고 판단할 경우에는 I75셀에 1을 입력한다.
- 마지막으로 기준2(기술성)와 기준3(이용성)을 비교할 때에는 기준2(기술성)가 기준3(이용성)보다 "극히 중요(7)"하다고 판단하면 E76셀에 1을 입력한다.

<표 4-4>에서 쌍비교 평가표를 근거로 <표 4-5>의 기준간 쌍비교 행렬을 작성할 수 있다. 엑셀에는 W74:Y76셀과 같이 쌍비교 행렬이 작성된다.

표 4-5	쌍비교 행렬		
구분	경제성	기술성	이용성
경제성	1	1/3	3
기술성	3	1	7
이용성	1/3	1/7	1

- **표준행렬 및 가중치 계산**: 쌍비교 행렬을 이용하여 표준행렬을 도출하고 가중치를 계산한다.
  ① 쌍비교행렬 열별합: 쌍비교 행렬에서 각 열에 있는 모든 요소의 합을 구한다.

표 4-6	쌍비교행렬 열별합		
구분	경제성	기술성	이용성
경제성	1	0.33	3
기술성	3	1	7
이용성	0.33	0.14	1
	4.33	1.48	11.00

② 표준행렬 작성: 각열에 속해 있는 값들을 각 열별 합으로 나눈다. 이렇게 얻어진 행렬을 표준행렬이라 부른다.

표 4-7	표준행렬		
구분	경제성	기술성	이용성
경제성	1/4.33	0.33/1.48	3/11.00
기술성	3/4.33	1/1.48	7/11.00
이용성	0.33/4.33	0.14/1.48	1/11.00

③ 표준행렬을 다시 작성하면 엑셀 AA74:AC76셀과 같다.

표 4-8	표준행렬의 엑셀입력표		
구분	경제성	기술성	이용성
경제성	0.2308	0.2258	0.2727
기술성	0.6923	0.6774	0.6364
이용성	0.0769	0.0968	0.0909

④ 기준별 가중치 계산: 표준행렬을 이용하여 AD74:AD76셀에 각 행별 평균값을 구한다. 이때 구한 평균값이 기준들의 중요도를 나타내는 가중치가 된다.

표 4-9	표준행렬과 가중치			
구분	경제성	기술성	이용성	가중치
경제성	0.2308	0.2258	0.2727	0.2431
기술성	0.6923	0.6774	0.6364	0.6687
이용성	0.0769	0.0968	0.0909	0.0882

- **일관성 검사**: 비교 하고자 하는 쌍의 개수가 많아지면 의사결정자는 상대적 중요도 평가에 일관성이 결여될 수 있다. 일관성이 결여되면 계층분석과정 모형의 분석결과는 의미가 없다. 따라서 쌍비교 행렬이 일관성을 갖는지를 검사할 필요가 있다.

① 일관성 측도: 먼저 AE74:AE76셀에 각 기준들의 쌍비교 행렬과 가중치를 곱한다.

표 4-10		쌍비교행렬 × 가중치					
1	1/3	3		0.243		0.731
3	1	7	×	0.669	=	2.015
1/3	1/7	1		0.088		0.265

② 기준별 일관성 측정값은 AF74:AF76셀에 위 식에서 구한 값을 가중치로 각각 나누어 구한다.

경제성 일관성 측정값=0.7306 / 0.2431=3.0054

기술성 일관성 측정값=2.0154 / 0.6687=3.0139

이용성 일관성 측정값=0.2648 / 0.0882=3.0018

③ 다음으로 일관성 측정값들의 평균값(λ)을 구한다.

평균값(λ)=SUM(AF74:AF76)/3=3.0070

④ 일관성지수 CI를 AF77셀에, 일관성비율 CR을 AH77셀에 다음과 같이 계산한다.

$CI = (\lambda - n) / (n-1) = (3.0070 - 3) / (3-1) = 0.0035$

$CR = CI / RI = 0.0035 / 0.58 = 0.0061$

⑤ 일관성판단: 일관성의 판정기준은 연구자에 따라 다소 차이가 있다. Tone(1986)에 의하면 CI와 CR값이 모두 0.15이하일 경우, Satty(1995)에 의하면 CR값이 0.1이하(10% 이내)에 포함될 경우에 해당 쌍대비교 행렬은 가중값(판단)에 일관성이 있다고 판단할 것을 제안하고 있다. A농가의 기준 간 쌍비교 행렬의 일관성 측도는 CR=CI / RI=0.0061< 0.1이므로 일관성이 있는 것으로 판단된다.

| 그림 4-2 | 1단계 계층분석과정 계측결과 | |

[2단계] 계층구조분석

- 1단계 판단기준인 경제성, 기술성, 이용성에 해당하는 세부판단기준에 대해서도 1단계와 같은 과정을 거쳐 세부판단기준별 가중치를 구한다.
- C56:S57셀과 C61:S63셀 그리고 C67:S69셀에 해당하는 설문결과를 입력하면 가중치와 일관성 검사 계측이 이루어진다.

| 표 4-11 | 경제성 세부기준의 가중치 |

기준	쌍비교행렬		표준행렬		가중치
	초기투자비	운영비용	초기투자비	운영비용	
초기투자비	1	3	0.7500	0.7500	0.7500
운영비용	1/3	1	0.2500	0.2500	0.2500

| 표 4-12 | 기술성 세부기준의 가중치 |

기준	쌍비교행렬			표준행렬			가중치
	기술 수명	운전 용이	보수 관리	기술 수명	운전 용이	보수 관리	
기술 수명	1	1/2	1	0.2500	0.2500	0.2500	0.2500
운전 용이	2	1	2	0.5000	0.5000	0.5000	0.5000
보수 관리	1	1/2	1	0.2500	0.2500	0.2500	0.2500

그림 4-3 | 2단계 계층분석과정 계측결과

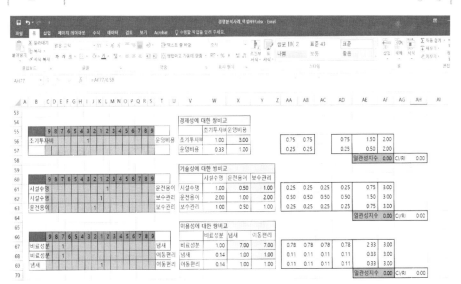

표 4-13	이용성 세부기준의 가중치

기준	쌍비교행렬			표준행렬			가중치
	비료 성분	냄새	이동 편리	비료 성분	냄새	이동 편리	
비료 성분	1	7	7	0.7778	0.7778	0.7778	0.7778
냄새	1/7	1	1	0.1111	0.1111	0.1111	0.1111
이동 편리	1/7	1	1	0.1111	0.1111	0.1111	0.1111

[3단계] 1단계와 2단계의 가중치 결합

• 1단계와 2단계에서 계측한 가중치들을 결합시킨다.

표 4-14	1단계 가중치와 2단계 가중치 결합

1단계	경제성 (0.2431)		기술성 (0.6687)			이용성 (0.0882)		
2단계	초기 투자비	운영 비용	시설 수명	운전 편리	보수 관리	비료 성분	냄새	이동 편리
	0.7500	0.2500	0.2500	0.5000	0.2500	0.7778	0.1111	0.1111
1단계 × 2단계	0.1823	0.0608	0.1672	0.3343	0.1672	00686	0.0098	0.0098

[4단계] 각 기준에 의한 3가지 시설의 점수평가

초기투자비, 운영비용, 시설수명, 운전편리성, 보수관리, 비료성분, 냄새, 이동
편리에 의한 각 시설의 중요도 평가는 다음과 같다(<그림 4-4>, <그림 4-5>, <그림 4-6>).

표 4-15	초기투자비 기준에 의한 각 시설의 중요도 평가						
기준	쌍비교행렬			표준행렬			가중치
	시설 A	시설 B	시설 C	시설 A	시설 B	시설 C	
시설 A	1	3	5	0.6522	0.7059	0.5000	0.6194
시설 B	1/3	1	4	0.2174	0.2353	0.4000	0.2842
시설 C	1/5	1/4	1	0.1304	0.0588	0.1000	0.0964

표 4-16	운영비용 기준에 의한 각 시설의 중요도 평가						
기준	쌍비교행렬			표준행렬			가중치
	시설 A	시설 B	시설 C	시설 A	시설 B	시설 C	
시설 A	1	4	6	0.7059	0.7500	0.6000	0.6853
시설 B	1/4	1	3	0.1765	0.1875	0.3000	0.2213
시설 C	1/6	1/3	1	0.1176	0.0625	0.1000	0.0934

그림 4-4	시설별 경제성 쌍대평가 계층분석과정 계측결과

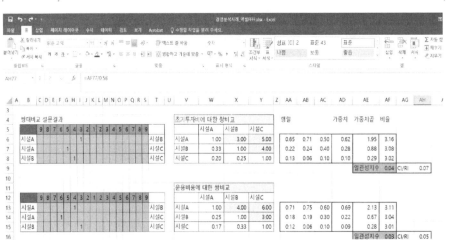

표 4-17	시설수명 기준에 의한 각 시설의 중요도 평가						
기준	쌍비교행렬			표준행렬			가중치
	시설 A	시설 B	시설 C	시설 A	시설 B	시설 C	
시설 A	1	4	7	0.7179	0.7500	0.6364	0.7014
시설 B	1/4	1	3	0.1795	0.1875	0.2727	0.2132
시설 C	1/7	1/3	1	0.1026	0.0625	0.0909	0.0853

표 4-18	운전편리 기준에 의한 각 시설의 중요도 평가						
기준	쌍비교행렬			표준행렬			가중치
	시설 A	시설 B	시설 C	시설 A	시설 B	시설 C	
시설 A	1	3	5	0.6522	0.6667	0.6250	0.6479
시설 B	1/3	1	2	0.2174	0.2222	0.2500	0.2299
시설 C	1/5	1/2	1	0.1304	0.1111	0.1250	0.1222

표 4-19	보수관리 기준에 의한 각 시설의 중요도 평가						
기준	쌍비교행렬			표준행렬			가중치
	시설 A	시설 B	시설 C	시설 A	시설 B	시설 C	
시설 A	1	1/2	1/4	0.1429	0.1429	0.1429	0.1429
시설 B	2	1	1/2	0.2857	0.2857	0.2857	0.2857
시설 C	4	2	1	0.5714	0.5714	0.5714	0.5714

그림 4-5 | 시설별 기술성 쌍대평가 계층분석과정 계측결과

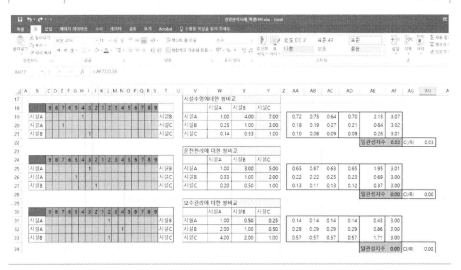

기준	쌍비교행렬			표준행렬			가중치
	시설 A	시설 B	시설 C	시설 A	시설 B	시설 C	
시설 A	1	1/2	1/7	0.1000	0.0588	0.1111	0.0900
시설 B	2	1	1/7	0.2000	0.1176	0.1111	0.1429
시설 C	7	7	1	0.7000	0.8235	0.7778	0.7671

표 4-20 비료성분 기준에 의한 각 시설의 중요도 평가

기준	쌍비교행렬			표준행렬			가중치
	시설 A	시설 B	시설 C	시설 A	시설 B	시설 C	
시설 A	1	1	9	0.4737	0.4737	0.4737	0.4737
시설 B	1	1	9	0.4737	0.4737	0.4737	0.4737
시설 C	1/9	1/9	1	0.0526	0.0526	0.0526	0.0526

표 4-21 냄새 기준에 의한 각 시설의 중요도 평가

기준	쌍비교행렬			표준행렬			가중치
	시설 A	시설 B	시설 C	시설 A	시설 B	시설 C	
시설 A	1	1/3	1/9	0.0769	0.0400	0.0886	0.0685
시설 B	3	1	1/7	0.2308	0.1200	0.1139	0.1549
시설 C	9	7	1	0.6923	0.8400	0.7975	0.7766

표 4-22 이동편리 기준에 의한 각 시설의 중요도 평가

그림 4-6 시설별 이용성 쌍대평가 계층분석과정 계측결과

[5단계] 가중치 점수모형의 적용

표 4-23	시설별 가중치 점수								
1단계	경제성		기술성			이용성			
2단계	초기 투자비	운영 비용	시설 수명	운전 편리	보수 관리	비료 성분	냄새	이동 편리	최종점수
	0.182	0.061	0.167	0.334	0.167	0.069	0.010	0.010	
시설 A	0.619	0.685	0.701	0.648	0.143	0.090	0.474	0.069	0.524
시설 B	0.284	0.221	0.213	0.230	0.286	0.143	0.474	0.155	0.242
시설 C	0.096	0.093	0.085	0.122	0.571	0.767	0.053	0.777	0.235

- 1단계, 2단계 기준들의 상대적 가중치와 각 시설별 점수를 합산하여 계산한다. 시설 A는 초기투자비 0.619, 운영비용 0.685, 시설수명 0.701, 운전편리 0.648, 보수관리 0.143, 비료성분 0.090, 냄새 0.474, 이동편리 0.069의 점수를 얻었으며 이를 초기투자비 가중치 0.182, 운영비용 0.061, 시설수명 0.167, 운전편리 0.334, 보수관리 0.167, 비료성분 0.069, 냄새 0.010, 이동편리 0.010의 가중치를 각각 곱한 후에 이를 합산하면, 최종점수 0.524점을 얻는다. 동일한 방법으로 시설 B와 시설 C에 대한 중요도를 계산하면 시설 B가 0.242, 시설 C가 0.235점을 얻어, 세 개 시설 가운데에는 시설 A를 선택하는 것이 가장 유리하다(<그림 4-7> 참조).

그림 4-7	자원화 시설 선정 계층분석과정 계측결과

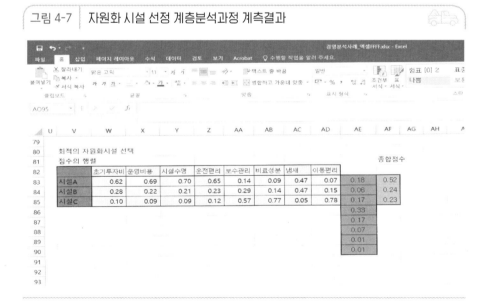

제 5 장

원리금상환분석

제 5 장

원리금상환분석

5.1 원리금 상환방법

농가에 충분한 자금이 있어 자기가 소유하고 있는 자금으로 농사를 지을 수 있으면 좋겠지만 그렇지 못한 경우에는 시설이나 기계, 농지 등을 구입할 때 중장기 자금을 지원받아 구입하는 경우가 많다.

만약 지원받은 자금이 융자일 경우에는 부채가 발생하고, 부채가 발생할 경우에는 이자를 지불해야 한다. 매년 지불해야 하는 이자 및 원리금 상환액은 원리금의 상환조건에 따라 달라진다. 원리금 상환조건에 따른 상환금액 산출 방법에 대하여 일반 시중에서 주로 사용되는 4가지의 계산방법은 다음과 같다.

- 첫째, 매년 이자만 갚고 만기일에 원금을 상환하는 경우
- 둘째, 매년 같은 금액의 원금과 미상환 원금에 대한 이자를 상환하는 경우
- 셋째, 매년 원금과 이자를 합하여 동일한 금액의 원리금을 상환하는 경우(몇 년 균분상환)
- 넷째, 몇 년간(거치 기간)은 이자만 내고 그 이후는 매년 원금과 이자를 합하여 같은 금액을 내는 방법(몇 년 거치 몇 년 균분상환)

농업정책자금의 원리금 상환조건은 농가소득 발생시기와 원리금 상환능력 등을 감안하면 셋째의 경우나 넷째의 경우가 가장 많이 사용된다.

5.2 원리금 상환방법별 상환액 계산 분석

만약, 2억원의 중장기 자금지원을 받아 농지 및 시설이나 농기계에 대한 투자를 한 경우의 4가지 유형별 원리금 상환계획은 다음과 같다.

5.2.1. 매년 이자만 갚고 10년 후 만기일에 원금을 상환하는 경우

이 경우는 연차별 원금이 변동되지 않아 <그림 5-1>과 같이 간단히 계산할 수 있으므로 설명을 생략한다.

① D12셀에 =C12*0.1의 수식을 넣고 Enter Key를 누른다.

② 다음 연도에도 같은 공식을 사용하기 때문에 수식을 10년차까지 복사한다.

수식을 복사하는 방법은

① 복사하고자 하는 셀에 커서를 맞추고 마우스의 왼쪽 단추를 누르면 복사하고자 하는 셀에 까만 테두리가 생긴다.

② 커서를 테두리 오른쪽 모서리 부분에 대면 까만＋표시가 나온다.

③ ＋표시가 나오면 마우스 오른쪽 단추를 누르고 복사 완료 지점까지 끌어가면 된다.

그림 5-1 | 매년 이자만 갚고 만기일에 원금 상환

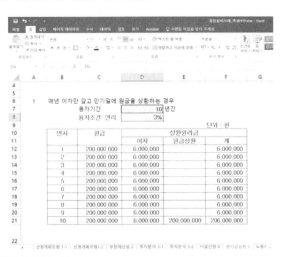

5.2.2. 매년 같은 금액의 원금을 상환하는 경우: 연리 3%, 상환기간 10년

① C30셀에 원금＝D3를 입력한다.

② 매번 원금 상환 금액이 동일하기 때문에 원금을 상환기간으로 나누어 매회 원금 상환액을 계산한다.

　• E30셀에＝$C$30×1/10 수식을 넣고 Enter Key를 누른다.

③ 이자를 계산한다. 이자는 원금에 이자율을 곱하면 되므로 D30셀에 C30×$D$26의 수식을 넣고 Enter Key를 누른다.

④ 상환 원리금은 이자와 원금 상환분을 합한 금액이므로 F30셀에 D30＋E30의 수식을 넣고 Enter Key를 누른다.

⑤ 2차년도 원금은 1차년도 원금에서 1차년도 원금 상환액을 뺀 금액이므로 C31셀에＝C30－E30 수식을 넣고 Enter Key를 누른다.

⑥ 수식이 완료되면 상환 완료 연도까지 수식을 복사하면 자동적으로 계산이 완료된다.

그림 5-2 ｜ 매년 같은 금액의 원금 상환

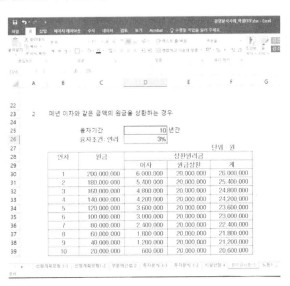

5.2.3. 매년 동일 원리금을 상환하는 경우: 연리 3%, 균분상환기간 10년

① 균분 상환액을 구하는 공식은 계산하고자 하는 셀, 즉 D45셀에 커서를 맞추고 아래 계산공식을 삽입한다.
- D45 = Pmt(rate, nper, pv, type)

- Pmt: 균분 상환액 계산 명령어
- rate: 이자율(연리) 소수로 표시(3%일 경우 0.03을 입력한다)
- nper: 적립기간 (10년 균분상환이므로 10을 입력한다)
- PV: 현재가치 (부채가 2억이면 200,000,000을 입력한다)
- type: 일반적으로 0을 입력한다. 만약 돈을 빌릴 때 이자를 미리 지불하고 돈을 빌릴 경우 1을 입력한다.

- 따라서 D45셀에는 =PMT(0.03,10,200000000,0)을 입력하고 Enter Key를 누르면 −₩23,446,101원이 나온다. 이때 오른쪽 버튼을 누르고 도표의 셀서식을 클릭한 다음 표시 형식범주를 일반으로 하고 확인 단추를 누른다.
② 연차별 원리금 상환액 합계 F49에서 F58까지에 −$D$45를 입력한다.
③ 이 금액은 이자와 원금을 합한 금액이므로 먼저 이자를 계산한다.
- 이자는 원금에 이자율을 곱한 금액이므로 D49셀에 =C49*0.03 수식을 넣고 Enter Key를 누른다.
④ 원금 상환액은 균분 상환액에서 이자를 뺀 금액이므로 E49셀에 =F49−D49 수식을 넣고 Enter Key를 누른다.
⑤ 2년차 원금은 원금에서 1년차 원금 상환액을 뺀 금액이므로 C50셀에 =C49 −E49이란 수식을 넣고 Enter Key를 누른다.
⑥ 수식 입력이 완료되었으므로 수식을 C51:E58에 복사한다.

그림 5-3 | 원리금 균분 상환

연차	원금	상환원리금		
		이자	원금상환	계
1	200,000,000	6,000,000	17,446,101	23,446,101
2	182,553,899	5,476,617	17,969,484	23,446,101
3	164,584,414	4,937,532	18,508,569	23,446,101
4	146,075,845	4,382,275	19,063,826	23,446,101
5	127,012,019	3,810,361	19,635,741	23,446,101
6	107,376,279	3,221,288	20,224,813	23,446,101
7	87,151,466	2,614,544	20,831,557	23,446,101
8	66,319,908	1,989,597	21,456,504	23,446,101
9	44,863,404	1,345,902	22,100,199	23,446,101
10	22,763,205	682,896	22,763,205	23,446,101

(융자기간 10 년간, 융자조건: 연리 3%, 균등상환액 ₩23,446,101, 단위: 원)

5.2.4. 몇 년간은 이자만 지불하고 몇 년간은 같은 금액의 원리금을 상환

이 방법은 통상적으로 몇 년 거치 몇 년 균분상환이란 용어로 사용된다. 이 경우 거치 기간은 첫 번째 사례와 같이 이자를 계산하여 지불하고 균분상환 기간은 세 번째 사례와 같이 원리금을 균분상환하면 된다.

① D68셀에 =C68*$D$63의 수식을 넣어 이자를 계산하고 합계는 이자와 원리금 상환금액의 합이기 때문에 F68셀에 =C68*$D$63 수식을 입력하고 Enter Key를 누른다.

• 다음 연도에도 같은 공식을 사용하기 때문에 공식을 3년치 복사한다.

② 균분 상환액을 구하는 공식은 계산하고자 하는 D64셀에 커서를 맞추고 =PMT(0.03,7,D3,0) 수식을 넣고 Enter Key를 치면 −₩32,101,271원이 계산된다.

• 이때 오른쪽 버튼을 누르고 도표의 셀서식을 클릭한 다음 표시 형식범주를

일반으로 하고 확인 단추를 누른다.

③ 연차별 원리금 상환액 "합계"란의 F71에서 F77까지에＝－$D$64 수식을 입력한다.

④ 이 금액은 이자와 원금을 합한 금액이므로 먼저 이자를 계산한다.
 • 이자는 원금에 이자율을 곱한 금액이므로 D71셀에＝C70*$D$63 수식을 넣고 Enter Key를 누른다.

⑤ 원금 상환액은 균분 상환액에서 이자를 뺀 금액이므로 E71셀에＝F71－D71 수식을 넣고 Enter Key를 누른다.

⑥ 2년차 원금은 원금에서 1년차 원금 상환액을 뺀 금액이므로 C72셀에＝C71－E71 수식을 넣고 Enter Key를 누른다.

⑦ 수식 입력이 완료되었으므로 수식을 C73:F77에 복사한다

그림 5-4 │ 3년 거치 후 7년 균분 상환

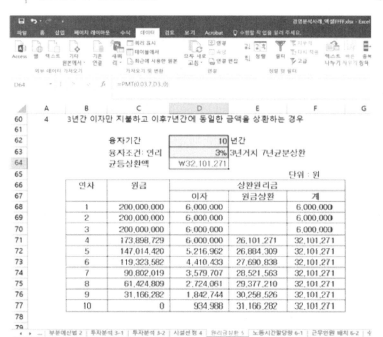

제 6 장

노동력할당분석

노동력할당분석

6.1 할당모형

할당문제에는 m개의 할당주체와 n개의 할당대상이 있고, 각각의 할당 짝에 대해서 비용(또는 효과)이 발생하며, 전체비용(또는 효과, 이득)을 최소화(최대화)하는 것이 목표이다.

대표적인 사례로는 4명의 작업자에게 4개의 작업을 지시하려고 한다. 작업자별로 각각의 작업을 처리할 때 소요되는 시간이 서로 다른 경우 전체 소요시간이 가장 최소가 되도록 작업을 할당하는 방법이 있다.

할당문제는 LP모형으로 표현할 수 있고, 엑셀의 해찾기(Solver) 기능을 활용하여 쉽게 풀 수 있다.

6.2 농작업 최소화 노동시간 할당문제

인부 4명(김씨, 이씨, 박씨, 최씨)에게 4개(채소수확, 감자수확, 보리수확, 벼이앙) 작업을 할당하고자 한다. 한 명에게는 하나의 작업만 맡아서 책임지고 작업을 맡기려고 한다.

개인별 작업시간은 개인의 적성이나 신체적인 능력 등으로 인해 10a당 수행할 수 있는 작업시간이 다르다고 가정하고 각각의 작업시간은 <표 6-1>과 같이 주어져 있다. 총작업시간을 최소화하기 위해서는 작업을 어떻게 할당할 수 있을까?

표 6-1	개인별 10a당 작업시간			(단위: 시간)
	채소수확	감자수확	보리수확	벼이앙
김**	9	7	5	10
이**	10	6	10	3
박**	9	5	7	4
최**	7	2	8	6

수리모형화

1. 모형화 체크사항

엑셀시트에 4행×4열의 영역을 잡아서 (인부, 작업)의 쌍을 하나의 셀로 나타낸 다음에 조합된 쌍에 할당이 이루어지면 1, 할당이 이루어지지 않으면 0으로 입력한다. 엑셀로 표현하기 위해서는 다음과 같은 입력자료와 계산식을 준비하고 조건을 부과한다.

- 개인별 10a당 작업시간 입력
- 인부와 작업의 쌍에 대한 할당을 나타낼 변경할 셀
  ('0'이면 할당하지 않음, '1'이면 할당함을 표현함)
- 각 인부에게 할당된 작업의 개수 계산
- 각 작업에 할당된 인부의 인원수 계산
- 각 인부와 작업에 할당된 쌍이 1씩일 것

2. 의사결정변수

의사결정변수 X_{ij}는 인부 i에게 작업 j를 할당하는지에 대한 여부를 의미한다. i = A, B, C, D, j = 1, 2, 3, 4.

3. 목적함수

<표 6-1>에서 인부 i가 작업 j를 수행하는데 걸리는 시간을 C_{ij}라 한다. 총

작업시간의 최소화는 다음과 같은 식으로 표현한다.

$$\text{총 작업 시간} = \sum_{i=A}^{D}\sum_{j=1}^{4} C_{ij} \cdot X_{ij}$$

4. 제약식

- 각 인부에게 할당된 작업개수는 1개이다. $\sum_{j=1}^{4} X_{ij} = 1$, $i = $ A, B, C, D

- 각 작업을 담당하는 인부는 1명이다. $\sum_{i=A}^{D} X_{ij} = 1$, j = 1, 2, 3, 4.

- 비음제약: X_{ij}는 비음이다.

5. 수리모형

- Minimize $\sum_{i=A}^{D}\sum_{j=1}^{4} C_{ij} \cdot X_{ij}$

- subject to $\sum_{j=1}^{4} X_{ij} = 1$, $i = $ A, B, C, D

  $\sum_{i=A}^{D} X_{ij} = 1$, $j = 1, 2, 3, 4$

  $X_{ij} \geq 0$, $i = $ A, B, C, D, $j = 1, 2, 3, 4$.

엑셀시트 모형화

준비작업 시간과 할당표를 만들어서 상기의 제한조건을 <그림 6−1>과 같이 표현한다.

1. 입력자료

- C4:F7(10a당 작업시간), I10:I13(할당 작업수), C16:F16(할당 인부수)에 기초자료를 입력한다.

2. 변경셀

- 각 인부에게 작업 할당을 나타내는 값을 C10:F13 영역에 나타낸다.

3. 목표셀

- 전체준비시간을 I3에 나타낸다. I3=SUMPRODUCT(C4:F7, C10:F13)

4. 제한조건을 위한 계산

- 인부에게 할당된 작업의 수=1, G10:G13=I10:I13

  첫째, 인부에게 할당된 작업의 수를 G10셀에 계산한다. G10셀에 계산식=SUM(C10:F10)을 입력하여 계산하고 G10셀을 G11:G13에 복사한다. 해찾기 모델에 G10:G13=I10:I13 조건을 나중에 추가한다.

- 작업에 할당된 인부의 수=1, C14:F14=C16:F16

  첫 번째 작업을 담당하는 인부의 수를 C14에 계산한다. C14셀에 계산식=SUM(C10:C13)을 입력한다. 이를 D14:F14의 범위에 복사하고, 해찾기 모델에 C14:F14=C16:F16을 추가한다.

그림 6-1 | 할당문제 초기해

해찾기 실행

1. 입력

- 목표셀, 변경셀, 기계제약, 작업제약을 <그림 6−2>와 같이 입력한다.

그림 6-2 │ 할당문제 해찾기

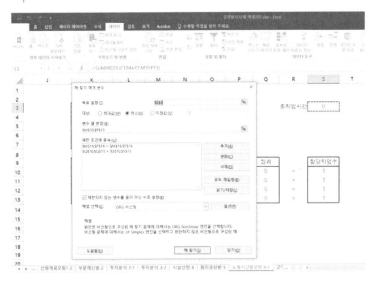

---

2. 옵션

- 선형모델가정과 비음수 가정을 체크한 후 해찾기를 실행한다.
- 최적해가 엑셀시트 할당표에 나타난다.
- 할당방법은 (김씨−보리수확), (이씨−벼이앙), (박씨−채소수확), (최씨−감자수확)이다.
- 이때, 최소화된 총 작업시간은 5＋3＋9＋2＝19이다.

그림 6-3 | 할당문제의 해찾기 모델과 최적해

6.3 영농법인 작업인부 근무계획 분석

한국영농조합법인은 매일 24명의 직원을 고용하여 배 가공 공장을 운영하고 있다. 조합 규정상 직원은 일주일에 5일간을 연속으로 근무하고 2일간은 휴무를 주어야 한다. 예를 들면 월요일부터 근무를 시작하는 직원은 금요일까지 근무하고 토요일과 일요일에 휴무가 주어진다. 또한 화요일부터 근무를 시작하는 직원은 토요일까지 근무하고 일요일과 월요일에 휴무가 주어진다. 최근 배 가공 제품 수요가 변화하여 공장을 요일별로 다르게 운영할 필요가 발생하여 공장 가동에 필요한 직원들도 요일별로 필요 인원이 <표 6-2>와 같이 다르게 변화하였다. 요일별 수요에 부응하도록 직원수를 조정하시오.

표 6-2	배 가공 공장의 요일별 필요 직원수						
요일	월	화	수	목	금	토	일
최소인원	19	17	15	16	18	20	24

수리모형화

목적함수는 총 근무 직원수를 최소화시키는 문제이다.

제약조건은 요일별로 직원수가 필요 최소 인원보다는 많거나 같아야 한다. 또한 직원은 5일 연속근무하고 2일을 쉬기 때문에 월요일부터 근무한 직원은 월, 화, 수, 목, 금요일까지 근무하고 토요일과 일요일은 쉰다. 화요일부터 근무한 직원은 화, 수, 목, 금, 토요일까지 근무하고 일요일과 월요일은 쉰다.

변수는 월요일 X_1, 화요일 X_2, 수요일 X_3, 목요일 X_4, 금요일 X_5, 토요일 X_6, 일요일 X_7로 지정한다.

이를 수리모형화 하면 다음과 같다.

- minimize Z $\quad\quad = X_1 + X_2 + X_3 + X_4 + X_5 + X_6 + X_7$
- **월요일 직원수 제약**: $X_1 + X_4 + X_5 + X_6 + X_7 \geq 19$
- **화요일 직원수 제약**: $X_1 + X_2 + X_5 + X_6 + X_7 \geq 17$
- **수요일 직원수 제약**: $X_1 + X_2 + X_3 + X_6 + X_7 \geq 15$
- **목요일 직원수 제약**: $X_1 + X_2 + X_3 + X_4 + X_7 \geq 16$
- **금요일 직원수 제약**: $X_1 + X_2 + X_3 + X_4 + X_5 \geq 18$
- **토요일 직원수 제약**: $X_2 + X_3 + X_4 + X_5 + X_6 \geq 20$
- **일요일 직원수 제약**: $X_3 + X_4 + X_5 + X_6 + X_7 \geq 24$
- **비음 조건**: $\quad\quad X_1, \ X_2, \ X_3, \ X_4, \ X_5, \ X_6, \ X_7 \geq 0$

엑셀시트 모형화

1. 입력자료

- B5:H11에 근무 요일을 1로 휴일은 0으로 입력한다.
- B15:H15에 요일별 최소직원수를 입력한다.

2. 변경셀

- I5:I11에 요일별 근무직원수를 변경할 임의의 초기치를 입력한다.

3. 제한조건

- B13셀에 월요일 근무직원수를 계산하고 H13셀까지 복사한다.
- B13 = SUMPRODUCT(I5:I11, B5:B11)

그림 6-4 │ 배 가공공장의 근무계획 모형(초기해)

근무행렬	월	화	수	목	금	토	일	요일별 근무직원수
월	1	1	1	1	1	0	0	4.0
화	0	1	1	1	1	1	0	4.0
수	0	0	1	1	1	1	1	4.0
목	1	0	0	1	1	1	1	6.0
금	1	1	0	0	1	1	1	6.0
토	1	1	1	0	0	1	1	4.0
일	1	1	1	1	0	0	1	4.0
요일별 근무직원수	24.0	22.0	20.0	22.0	24.0	24.0	24.0	
	>=	>=	>=	>=	>=	>=	>=	
최소 직원수	19	17	15	16	18	20	24	
전체 직원수	32.00							

해찾기 실행

1. **목표셀**: B17을 지정하고 최소화를 선택한다.
2. **값을 바꿀셀**: 변경할 셀은 I5:I11(근무직원수)에 임의의 숫자를 먼저 입력하고 변경셀로 지정한다.
3. **제한조건**: 요일별 최소 직원수를 제한조건으로 지정한다.
   B13:H13(요일별 근무직원수) ≥ B15:H15(최소 직원수)
4. **해찾기 옵션**: 선형모형 가정 및 음수가 아닌 것으로 선택한다.

그림 6-5 | 배 가공공장의 근무계획 해찾기 모형

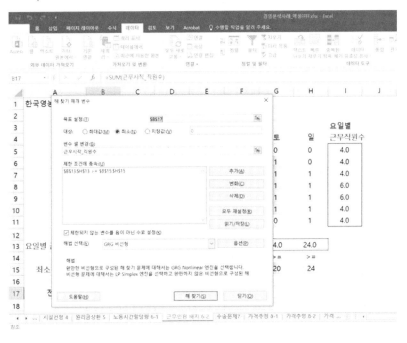

작업계획 계측결과

배 가공공장의 해찾기 결과, 최적해는 다음과 같다. 배 가공공장에서 요일별로
근무를 시작하는 최소 직원수는 월요일부터 근무를 시작하는 직원이 0.4명, 화요
일 1.4명, 수요일 5.4명, 목요일 3.4명, 금요일 7.4명, 토요일 2.4명, 일요일에 5.4명
이고, 배 가공공장에서 근무하는 최소 직원수는 25.8명이다.

그림 6-6 │ 배 가공공장의 작업계획 최적해

정수제약 조건하의 해찾기

배 가공공장의 최적해는 이론상의 최적해이지만 현실적으로는 소수점 때문에
적용하기 곤란하다. 따라서 최적해가 정수해가 되도록 정수제약 조건하의 최적해
를 계측해 보자.

정수조건하의 최적해를 구하기 위해서는 해찾기 모델 설정에서 변경셀에 대한
정수조건을 추가하면 된다. 다시 말하면 제한조건에 근무직원수=int를 추가한 이

후에 해찾기를 실행한다.

| 그림 6-7 | 배 가공공장 작업계획 해찾기 모형(정수조건 포함) |

정수조건이 포함된 배 가공공장의 작업계획 해찾기 실행 결과는 월요일에서 일요일까지 근무를 시작하는 근무직원수가 정수로 바뀌었음을 확인할 수 있다.

월요일에 근무하는 직원＝목요일에 근무를 시작하는 3명＋금요일에 근무를 시작하는 8명＋토요일에 근무를 시작하는 2명＋일요일에 근무를 시작하는 6명＝19명이다.

화요일에 근무하는 직원＝화요일에 근무를 시작하는 2명＋금요일에 근무를 시작하는 8명＋토요일에 근무를 시작하는 2명＋일요일에 근무를 시작하는 6명＝18명이다.

배 가공공장의 최소직원수는 화요일부터 근무를 시작하는 2명, 수요일 5명, 목요일 3명, 금요일 8명, 토요일 2명, 일요일 6명으로 총 26명이다.

그림 6-8 | 배 가공공장의 작업계획 최적해 (정수조건 포함)

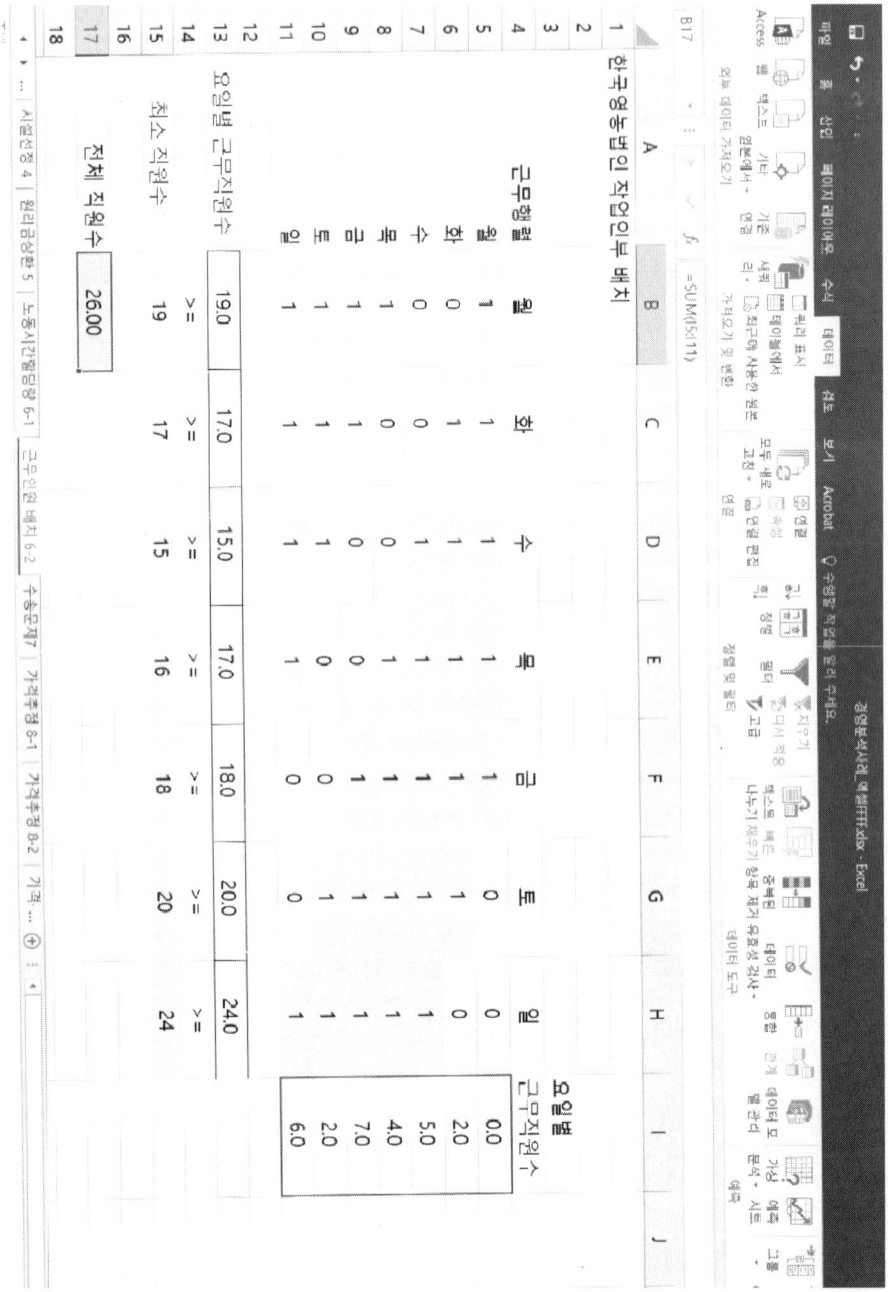

B17 | f_x | =SUM(I5:I11)

한국영농법인의 작업인력 배치

근무일별	월	화	수	목	금	토	일		요일별 근무직원수
월	1	1	1	1	1	0	0		0.0
화	0	1	1	1	1	1	0		2.0
수	0	0	1	1	1	1	1		5.0
목	1	0	0	1	1	1	1		4.0
금	1	1	0	0	1	1	1		7.0
토	1	1	1	0	0	1	1		2.0
일	1	1	1	1	0	0	1		6.0
요일별 근무직원수	19.0	17.0	15.0	17.0	18.0	20.0	24.0		
	≥	≥	≥	≥	≥	≥	≥		
최소 직원수	19	17	15	16	18	20	24		

전체 직원수	26.00

제 **7** 장

농산물수송문제

농산물수송문제

7.1 수송모형

농산물은 생산지와 소비지가 다르고 산지와 소비지가 하나 이상 존재하는 경우가 많다. 이와 같이 어떤 일정한 물량의 농산물을 복수의 생산 산지에서 복수의 소비지까지 수송하는데 있어 수송물량을 배정하는 방법을 다루는 문제가 수송모형분석이다.

수송문제는 전체 수송비용을 최소화하기 위한 수송문제의 배정방법에 관한 문제이다. 수송문제의 해결 절차는 첫째, 수송대상물을 선정하고 둘째, 공급지와 수요지를 결정한다. 다음으로 수송경로를 정한 다음에 마지막으로 수송비를 조사하여 문제를 해결한다.

7.2 쌀 수송의 비용 최소화 문제

쌀 가공 회사법인(한국농장법인)은 세 개의 쌀 가공 공장에서 각각 생산되는 제품을 서울 시내의 수요처 3곳으로 수송하고 있다.

한국농장법인의 쌀 가공 RPC는 수원, 안산, 이천 3곳을 운영하고 있으며 서울 시내 쌀 수요처는 구로, 한남동, 상계동 3곳이다. 수요처들로부터 주문받은 쌀 수요가 <표 7-1>과 같이 집계되었다. 또한 RPC의 공급 가능한 쌀 개수와 각 RPC에서 수요처까지의 비용도 <표 7-1>과 같다. 쌀의 수송계획을 세우시오.

표 7-1	수송비용과 수송량 배정을 위한 수송표			〔단위: 원/kg, kg〕
RPC	수요처			공급량
	구로	한남동	상계동	
수원 RPC	300	550	700	1,500
안산 RPC	420	200	500	2,300
이천 RPC	320	350	600	2,850
수요량	2,450	2,000	2,200	

모형화 가이드

수원, 안산, 이천 3곳의 RPC에서 구로, 한남동, 상계동에 있는 수요처에게 쌀들을 각각 몇 개씩 보내줄 것인지를 결정하는 사례이다. 쌀을 수송하는 이 문제는 <표 7-2>와 같이 공간상의 수송문제로 나타낼 수 있다. 이를 공급지와 수요지, 공급가능량과 수요량, 수송경로를 나타내는 수송 네트워크라고 한다.

표 7-2	수송비용과 수송량 배정을 위한 수송표			〔단위: 원/kg, kg〕
공급량	공급지(RPC)	수송경로	수요처	수요량
1,500	수원		구로구	2,450
2,300	안산		한남동	2,000
2,850	이천		상계동	2,200

<표 7-2>에서 수원→구로의 화살표 연결은 수송경로를 뜻한다. 따라서 모두 3×3=9개의 수송경로가 있다. 이 수송경로에는 수송 단위당 수송비용이 정해져 있다. 수송경로에 수송량을 배정하면 하나의 수송 방법을 정하게 되고, 그때의 총 수송비용은 수송경로에 있는 수송비용과 수송 배정량을 곱한 합계이다. 공급지에서 흘러나간 물량은 그 공급지가 공급한 물량으로서 생산능력을 초과할 수 없고

수요지에 흘러들어온 물량은 그 수요지의 수요량을 충족시켜야 한다. 이를 엑셀시트로 표현하면 다음과 같다.

수리모형화

앞에 예제에 대한 이해를 기초로 수송계획을 수리모형으로 표현해 보자. 앞의 엑셀모형의 변경셀 C10:E12에 있는 구체적인 숫자대신 X_{ij}라는 변수로서 표시해 보자. 즉 X_{ij}는 공급지 $i(i=1, 2, 3)$ → 수요지 $j(j=1, 2, 3)$로의 수송량 배정을 의미한다.

앞의 수송계획 엑셀모형은 다음과 같이 수리모형으로 표현된다.

- minimize Z $= 300X_{11} + 550X_{12} + 700X_{13} + 420X_{21} + 200X_{22} + 500X_{23} + 320X_{31}$
$$+ 350X_{32} + 600X_{33}$$

- 제약식: $X_{11} + X_{12} + X_{13} \leq 1500$

  $X_{21} + X_{22} + X_{23} \leq 2300$

  $X_{31} + X_{32} + X_{33} \leq 2850$

  $X_{11} + X_{21} + X_{31} \geq 2450$

  $X_{12} + X_{22} + X_{32} \geq 2000$

  $X_{13} + X_{23} + X_{33} \geq 2200$

- 비음 조건: $X_{11}, X_{12}, X_{13}, X_{21}, X_{22}, X_{23}, X_{31}, X_{32}, X_{33} \geq 0$

이렇게 표현된 수리모형은 목적함수식과 제약식이 모두 변수에 대해서 선형식으로 표현되는 LP모형임을 알 수 있다.

위의 수송문제 모형을 더 일반화시켜서 표현할 수 있다. <표 7－1>에서 300, 550, 700의 비용을 각각 C_{11}, C_{12}, C_{13}으로, 420, 200, 500을 C_{21}, C_{22}, C_{23}로, 320, 400, 600을 C_{31}, C_{32}, C_{33}로 대응시켜 표현하고 쌀공급량을 S_i, 쌀수요량을 D_j로 나타내면, 다음과 같은 일반적인 수리모형으로 표현할 수 있다. 여기서 $i=1, ..., m$은 공급지를 나타내는 첨자이고, $j=1, ..., n$은 수요지를 나타내는 첨자이다.

- Minimize $z = \sum_{i=1}^{m} \sum_{j=1}^{x} C_{ij} X_{ij}$

- Subject to $\displaystyle\sum_{j=1}^{m} X_{ij} \le S_i, \ i=1, \cdots, m$

  $\displaystyle\sum_{i=1}^{m} X_{ij} \ge D_j, \ j=1, \cdots, n$

  $X_{ij} \ge 0, \ i=1, \cdots, m, \ j=1, \cdots, n$

엑셀시트 모형화

수송문제는 수송경로가 3×3개 있으므로 엑셀시트에도 3행×3열의 영역을 설정하여 수송비용을 표현한다. 또 다른 3×3의 영역을 설정하여 수송량 배정을 표현한다.

1. 입력자료

- C4:E6(수송비용), F4:F6와 H10:H12(쌀 공급가능량), C7:E7, C15:E15(쌀 수요량)을 각각 입력한다.

2. 변경셀

- C10:E12(수송량배정)에 임의의 수송량을 배정한다.

3. 목표셀

- B17에 수송량 곱하기 수송비용를 수송경로마다 계산하여 합한다.
- B17(총 수송비용) = SUMPRODUCT(C4:E6, C10:E12)

4. 제한조건

- 공급량 제한: 수원이 공급한 쌀의 양 F10은 아래와 같이 계산한다.
  F10 = SUM(C10:E10), 이를 F11:F12에 복사하고 나중에 해찾기 모델에 제한조건 F10:F12 < = H10:H12를 추가한다.
- 수요량 제한: 구로가 공급받은 쌀의 양 C13은 아래와 같다.
  C13 = SUM(C10:C12), D13:E13에 복사하고 나중에 해찾기 모델에 제한조건 C13:E13 > = C15:E15를 추가한다.

그림 7-1 | 한국농장법인의 쌀수송문제(초기해)

해찾기 실행

쌀의 수송량 배정 셀 C10:E12셀을 변경할 셀로 지정하고, 총수송비용(B17셀)을 목표셀로 지정하여 최소화하는 모형을 수립한다. 제한조건으로서 RPC에서 공급한 쌀의 양이 자신의 공급능력을 초과하지 않아야 하며 수요지에서 받은 쌀의 양이 자신의 쌀수요량을 충족시켜야 한다.

1. 목표셀, 변경할 셀, 제한 조건을 <그림7-2>와 같이 입력한다.

- 목표셀: $K$17
- 변경셀: $L$10:$N$12
- 제한조건

  $L$13:$N$13 >= $L$15:$N$15

  $O$10:$O$12 <= $Q$10:$Q$12

그림 7-2 │ 해찾기 모델 설정

2. 옵션에서 '선형 모형 가정'을 체크하고 '음수가 아님을 가정'을 체크한다.

• 해찾기 모델 설정에서 실행을 클릭한다.

최적해

구해진 최적해를 보면, 수원에서 구로로 1,500kg, 안산에서 한남동으로 2,000kg, 상계동으로 300kg를 수송하고, 이천에서 구로로 950kg, 상계동으로 1,900kg를 수송한다. 최소수송비용은 2,444,000원이 된다.

그림 7-3 | 한국농장법인의 쌀 수송문제(최적해)

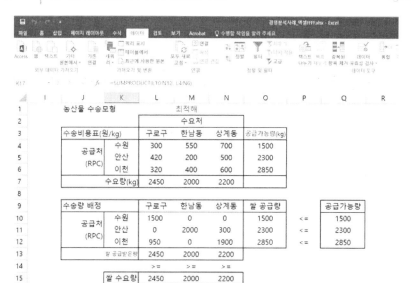

제 **8**장

농산물가격예측

농산물가격예측

8.1 농산물 가격예측 방법

농산물 가격을 예측하는 방법 가운데 하나는 시계열적인 분석방법이다. 시계열적인 분석방법은 농산물의 시계열 가격자료의 변동을 분석하여 미래의 가격전망치를 예측한다. 시계열 가격자료란 일정한 시간간격(일, 주, 월, 분기, 년 등)에 발생한 과거의 관측치를 시간순서대로 나열한 자료를 의미한다. 가격변동은 가격증가나 감소의 추세성향을 나타내거나 계절적 변동을 의미한다.

시계열 예측의 목표는 예측 가능한 요인들을 파악해서 가격예측을 가능한 정확하게 하는 것이다. 예측과정은 첫째, 시계열 자료들의 산포도를 그린 후에 시계열 가격자료에 추세변동, 계절변동, 순환변동 요인이 있는지를 파악하여 이에 적정한 예측모형을 선정한다. 둘째, 선정한 예측모형의 예측오차가 적어지도록 모형의 모수를 결정한다. 마지막으로 시계열 가격자료를 이용하여 예측치를 계산한다.

한편, 농산물 가격을 예측하는 방법에는 시계열적인 분석방법 이외에도 과거에 관측된 자료들을 기반으로 예측하고자 하는 종속변수의 값을 다른 독립변수들의 값으로 예측하는 인과형 예측방법이 있으며, 대표적인 방법이 회귀예측분석이다.

본 장에서는 시계열적인 예측방법과 인과형 예측방법에 대해 살펴본다.

2015년 1월부터 2016년 12월까지 배(신고) kg당 가격이 <표 8−1>과 같을 때 이동평균법과 가중이동평균법을 이용하여 배 가격을 예측하시오.

표 8-1	월별 배(신고) kg당 가격				(단위: 원/kg)	
2015년	월	1월	2월	3월	4월	5월	6월
	가격	2,345	2,413	2,606	2,687	2,727	2,676
	월	7월	8월	9월	10월	11월	12월
	가격	2,640	2,370	2,463	2,641	2,731	2,907
2016년	월	1월	2월	3월	4월	5월	6월
	가격	2,945	3,053	2,964	2,933	2,952	3,017
	월	7월	8월	9월	10월	11월	12월
	가격	3,356	3,678	3,082	2,404	2,383	2,531

8.2.1. 이동평균법에 의한 예측

이동평균법은 단순하면서도 많이 이용되는 가격 예측모형 가운데 하나이다. 이 동평균은 시계열 자료에 존재하는 확률적 변동이 서로 상쇄되도록 일정기간의 자 료를 평균하여 평균값을 구하고 이러한 평균값을 바로 다음 기간의 예측치로 사용 한다. 이동평균법을 이용하여 예측하기 위해서는 먼저 평균 산출에 적용될 기간의 수를 결정해야 한다. 자료가 월별자료이고 평균 산출 기간을 3개월로 정한다면 다 음 달 예측치는 최근 3개월 자료들의 평균값으로 계산된다.

모형화

1. 입력자료

- 입력기간을 A4:A27에 입력한다.
- 가격을 B4:B27에 입력한다.

2. 이동평균 및 예측치

- C7:C27(이동평균)과 C28:C30(미래예측치)를 계산한다.
- C7 = AVERAGE(B4:B6), 이후에 C8:C27까지 복사
- C28 = AVERAGE(B25, B26, B27)
- C29 = AVERAGE(B26, B27, C28)
- C30 = AVERAGE(B27, C28, C29)

3. 예측오차

- D7:D27에 예측오차를 계산한다.
- D7 = B7 − C7, 이후에 D8:D27까지 복사

4. 절대오차 및 평균절대오차(MAE)

- E7:E27(절대오차)와 E28(MAE)를 계산한다
- E7 = ABS(D7), 이후에 E8:E27까지 복사
- E28 = AVERAGE(E7:E27)

5. 제곱오차 및 평균제곱오차, 평균제곱오차 제곱근

- F7:F27(제곱오차), F28(평균제곱오차), F29(평균제곱오차 제곱근)을 계산한다.
- F7 = D7*D7, 이후에 F8:F27까지 복사
- F28 = AVERAGE(F7:F27)
- F29:SQRT(F28)

6. 절대백분율오차 및 평균절대백분율오차(MAPE)

- G7:G27(절대백분율오차)와 G28(평균절대백분율오차)를 계산한다.
- G7 = E7/B7, 이후에 G8:G27까지 복사
- G28 = AVERAGE(G7:G27)
- G7:G27의 수치를 백분율로 변경한다.

7. 이동평균 계산은 C7:C27이며, 최근 3개월 예측 값은 C28:C30에 계산식을 입력한다. 이동평균에 의한 예측값은 2,439원과 2,451원 그리고 2,474원이다.

그림 8-1 | 이동평균법에 의한 가격예측결과

8.2.2. 가중이동평균법에 의한 예측

이동평균 예측법은 이동평균을 계산함에 있어 과거의 관측 자료 모두에 동등한 가중치를 준다는 단점이 있다. 과거 관측자료와 최근의 관측자료 사이에 가중치를 달리 부여한다면 가격 예측 오차를 줄일 수 있으며 이러한 방법이 가중이동평균법이다.

모형화

1. 입력자료

- 입력기간을 A4:A27에 입력한다
- 가격을 B4:B27에 입력한다

2. 변경할 셀

- 3개월 이동평균에 이용될 월별 임의의 가중치를 E4:E6까지 입력하되 합계가 1이 되게 설정한다.
- E7셀에 월별가중치의 합을 계산하는 계산식 =SUM(E4:E6)을 입력하고 E4:E6 셀에는 임의의 숫자 E4셀=0.3, E5셀=0.3, E6셀=0.4를 입력한다.

3. 평균제곱오차(MSE)와 평균제곱오차 제곱근의 계산

- 평균제곱오차 E9셀=SUMXMY2($B$7:$B$27, C7:C27)/COUNT(C7:C27)
- 평균제곱오차 제곱근 E10셀=SQRT(E9)
- C7=SUMPRODUCT($E$4:$E$6, B4:B6), 이후 C8:C28까지 복사
- C29=E4*B26+E5*B27+E6*C28
- C30=E4*B27+E5*C28+E6*C29

| 그림 8-2 | 가중이동평균법에 의한 가격예측(초기해) | |

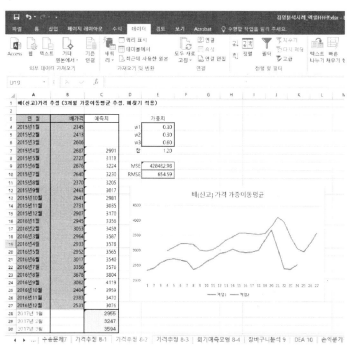

4. 각 자료에 적합한 최적의 가중치는 해찾기를 적용함으로써 찾는다.

- 최소화할 목표셀은 평균제곱오차(MSE)나 평균제곱오차 제곱근(RMSE)을 적용하며 목적함수가 비선형이므로 옵션에서 선형가정을 체크하지 않는다.
- 목표셀: $E$10을 입력한다.
- 대상: 최소를 선택한다.
- 변경할 셀: $E$4:$E$6
- 제약조건: $E$4:$E$6 <=1, $E$4:$E$6 >=0, $E$7=1

| 그림 8-3 | 가중이동평균법에 의한 가격예측(해찾기) | |

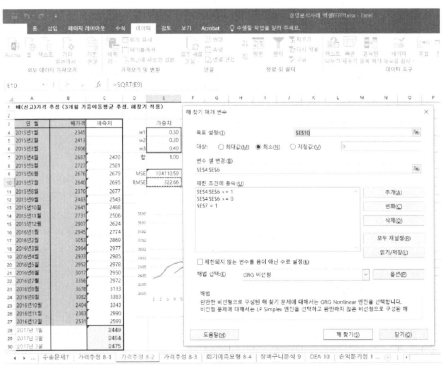

◀ ▶ │ 수송문제7 │ 가격추정 8-1 │ **가격추정 8-2** │ 가격추정 8-3 │ 회기예측모형 8-4 │ 장바구니분석 9 │ DEA 10 │ 손익분기점 1 ... ⊕ ⁝ ◀

5. 해찾기 결과

- 가중치는 W1=0.01, W2=0.00, W3=0.99
- 평균제곱오차 E9셀 값=59338.21
- 평균제곱오차 제곱근 E10셀 값=243.59
- 2017년 1월 가격 예측치 C28셀=2,529원
- 2017년 1월 가격 예측치 C29셀=2,527원
- 2017년 1월 가격 예측치 C30셀=2,527원

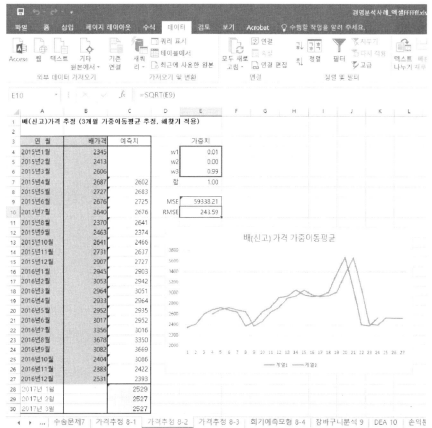

| 그림 8-4 | 가중이동평균법에 의한 가격예측(결과) |

가격예측에 있어 관측치의 가중치를 부여하는 방법이 중요하다. 이동평균법이 동일한 가중치 부여의 단점이 있어 이를 개선하는 방법이 가중이동평균법이다. 그러나 가중이동평균법은 산출기간 내의 자료들에 대해서는 적절한 가중치를 부여하고 있지만 산출기간에 포함되지 않는 이전의 모든 자료들은 가중치 부여가 고려되지 않고 있다.

　단순지수평활법은 산출기간에 관계없이 모든 자료들을 활용하여 예측하면서 최근 자료일수록 큰 가중치를 부여하고 과거로 멀어질수록 지수적으로 작은 가중치를 부여하여 가격을 예측하는 방법이다.

　<표 8-2>는 한국농장의 일별 배(신고) 판매량(BOX)을 나타내고 있다. 단순지수평활법을 이용하여 가격을 예측하시오.

표 8-2	월별 배(신고) 판매량					[단위: Box]
일	1일	2일	3일	4일	5일	6일
판매량	68	66	60	64	67	60
일	7일	8일	9일	10일	11일	12일
판매량	65	60	64	70	62	66
일	13일	14일	15일	16일	17일	18일
판매량	62	70	66	68	64	60
일	19일	20일	21일	22일	23일	24일
판매량	62	62	60	69	64	65

모형화

1. 입력자료 및 평활상수

- 입력기간과 판매량을 A4:B27에 입력한다.
- 임의의 평활상수 0.1을 B31에 입력한다.

2. 수준치

- 첫 달의 수준치는 해당 달의 판매량이므로 C4셀에는 B4셀 값을 입력한다. 다른 달의 수준치(C4셀)는 해당 달 판매량 B5셀에 평활상수 $G$4셀을 곱한 값과 전 달의 수준치 C4셀에 계산식 1−$G$4를 곱한 값과의 합으로 계산된다.
- C4 = B4
- C5 = $G$4*B5+(1−$G$4)*C4, 이후에 C6:C27까지 복사

3. 예측치

- D5:D28에 예측치를 계산한다.
- D5 = C4, 이후에 D6:D28까지 복사

4. 예측오차

- E5:E27에 예측오차를 계산한다.
- E5 = B5−D5, 이후에 E6:E27까지 복사

5. 절대오차 및 평균절대오차(MAE)

- F5:F27(절대오차)와 F28(평균절대오차)를 계산한다.
- F5 = ABS(E5), 이후에 F6:F27까지 복사
- F28 = AVERAGE(F5:F27)

6. 제곱오차 및 평균제곱오차(MSE), 평균제곱오차 제곱근(RMSE)

- G5:G27(제곱오차), G28(평균제곱오차), G29(평균제곱오차제곱근)을 계산한다.
- G5 = E5*E5, 이후에 G6:G27까지 복사
- G28 = AVERAGE(G5:G27)
- G29:SQRT(G28)

7. 절대백분율오차 및 평균절대백분율오차(MAPE)

- H5:H27(절대백분율오차), H28(평균절대백분율오차)를 계산한다.
- H5 = F5/D5, 이후에 H6:H27까지 복사

- H28＝AVERAGE(H5:H27)
- H5:H28의 수치를 백분율로 변경한다.

 그림 8-5 │ 지수평활법에 의한 가격예측결과

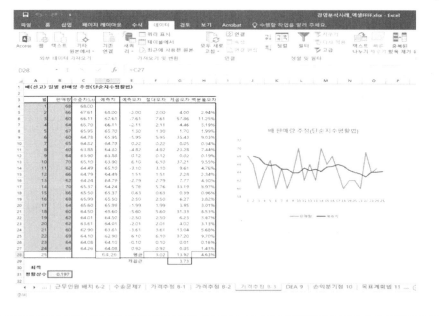

8.4 회귀모형에 의한 가격예측

회귀모형은 독립변수와 종속변수 사이의 인과관계를 수학적인 함수식을 이용하여 규명하고자 하는 분석방법으로 독립변수의 변화에 따른 종속변수의 변화를 예측하는데 이용된다. 다시 말하면 회귀모형은 관측된 자료를 바탕으로 변수간의 선형관계를 예측하여 한쪽 변수의 정보에 의해 다른 한쪽 변수를 예측하는 방법이다.

회귀분석은 독립변수와 종속변수 사이의 구체적인 함수식을 찾아내고 독립변수로부터 종속변수를 예측하는데 그 목적이 있으며, 함수식은 제일 단순한 1차 직선형태이거나 2차식, 3차식, 로그식, 지수식 등 다양한 형태의 함수식이 있다. 가장 단순한 회귀예측모형식은 $Y = a + bX$와 같은 1차직선 형태이다. 이러한 형태의 직선식을 이용하면 기술변수 X(독립변수)에 의해 발생하는 Y(종속변수)를 설명할 수 있다. 이때, b는 영향력을 가리키는 계수이며 a는 상수항이다. 지금까지 농업경영연구에서 이용된 회귀예측모형은 하나의 종속변수를 복수의 독립변수로부터 예측하는 중회귀분석 형태가 많다.

회귀분석을 실시하기에 앞서 변수간의 산포도를 그려서 변수 사이의 관계를 대략적으로 파악할 필요가 있다. 산포도에 변수간의 관계가 직선형태라면 선형회귀분석을 적용하지만 곡선형태라면 곡선형태에 맞는 2차식, 로그식, 지수식 등을 적용할 필요가 있다.

예측된 회귀식의 정도를 측정하는 측도로 결정계수가 가장 많이 사용되는데 결정계수는 총제곱합 중 예측된 회귀식에 의해 설명되는 제곱합이므로 회귀식의 기울기를 의미한다. 독립변수의 수가 증가하면 결정계수도 증가하지만 다중공선성문제도 발생하기 때문에 적절한 수의 독립변수를 도입해야 한다.

회귀예측모형에서 사용하는 자료는 종속변수가 반드시 정량적 자료로 수집되어야 한다. 또한, 독립변수도 기본적으로는 정량적 자료를 수집해야 한다. 중회귀분석에서는 독립변수가 1(특정그룹에 속하는 것을 의미) 또는 0(특정그룹에 속하지 않는 것을 의미)으로 표현되는 분류치를 독립변수로 도입할 수도 있다. 이 분류치는 더미변수라 불리며 모형예측을 실시하는 대상이 몇 개의 다른 그룹으로 분명하게 구별되는 경우에 이용한다. 이렇게 하여 복수그룹으로 이루어진 대상을 하나의 중회귀식으로 표현할 수 있다.

회귀예측모형을 예측문제에 적용하는 경우에는 회귀예측모형이 어느 정도까지 현실대상을 잘 재현하고 있는가를 검토하는 것이 중요하다. 즉, 현실적합도가 높은 모형을 얻은 후에야 비로소 예측문제에 대한 적용이 가능하다. 따라서 회귀예측모형에서 얻은 결과를 그대로 이용하는 것이 아니라, 먼저 계수의 부호조건을 검토하기 시작하여 계수의 유효성검정, 결정계수의 검토, 이론치와 실측치의 비교 등을 통해 모형자체가 신뢰성이 있는가를 확인한 후 회귀예측모형 또는 그 모형에서 얻어지는 예측결과를 채택해야 한다. 또한 모형의 설명력을 증가시키기 위해 필요 이상으로 많은 독립변수를 모형에 도입하는 것은 위험하다. 이는 모형을 불안정하게 만들어 거꾸로 설명력을 저하시킬 수 있다는 점에도 유의할 필요가 있다.

본 장에서는 한국농장법인에 근무하는 25명의 근로자들을 대상으로 근로자들의 근속연수와 업무성과가 연봉에 미치는 영향을 살펴본다. 본 예제는 1개의 종속변수(연봉)를 2개 독립변수(근속연수, 업무성적)로 설명하는 다중회귀분석의 예제 가운데 하나이다.

엑셀시트 모형화

1. 직원들의 근속연수와 업무성과 그리고 연봉을 B2:D26셀에 입력한다.

그림 8-6 | 한국농장법인 직원 연봉예측 입력자료

	A	B	C	D	E
1	직원ID	근속(X_1)	업무성과(X_2)	연봉	
2	1	4	2	3,900	
3	2	6	1	5,200	
4	3	7	3	6,500	
5	4	8	5	9,100	
6	5	5	2	5,200	
7	6	8	4	7,800	
8	7	7	7	9,100	
9	8	8	5	8,580	
10	9	7	4	8,320	
11	10	5	3	6,500	
12	11	8	4	7,800	
13	12	8	3	6,500	
14	13	5	4	7,800	
15	14	6	5	7,800	
16	15	6	4	6,500	
17	16	7	4	7,800	
18	17	8	4	6,500	
19	18	9	4	7,800	
20	19	8	6	7,800	
21	20	15	7	10,400	
22	21	8	4	7,800	
23	22	8	6	7,800	
24	23	6	4	6,500	
25	24	6	5	7,800	
26	25	5	1	3,900	
27					

... | 근무인원 배치 6-2 | 수송문제7 | 가격추정 8-1 | 가격추정 8-2 | 가격추정 8-3 | 회

---

2. 종속변수(연봉)와 독립변수의 관계를 살펴보기 위해 산포도를 작성한다.

- C2:D26셀의 영역을 선택하여 연봉과 업무성적의 자료를 선택한다.
- [삽입] - [차트] - [분산형]을 선택하여 산포도를 작성한다.

그림 8-7 | 연봉과 업무성과의 산포도

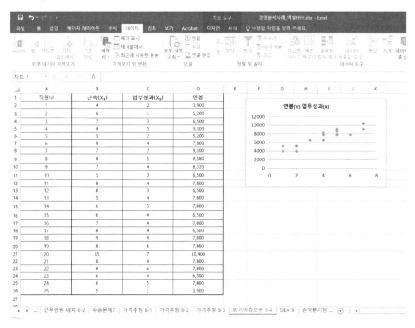

- B2:B26셀과 D2:D26셀의 영역을 선택하여 연봉과 근속연수의 자료를 선택한 이후에 [삽입] - [차트] - [분산형]을 선택하여 산포도를 하나 더 작성한다.

그림 8-8 | 연봉과 근속연수의 산포도

직원ID	근속(X_1)	업무성과(X_2)	연봉
1	4	2	3,900
2	6	1	5,200
3	7	3	6,500
4	8	5	9,100
5	5	2	5,200
6	8	4	7,800
7	7	7	9,100
8	8	5	8,580
9	7	4	8,320
10	5	3	6,500
11	8	4	7,800
12	8	3	6,500
13	5	4	7,800
14	6	5	7,800
15	6	4	6,500
16	7	4	7,800
17	8	4	6,500
18	9	4	7,800
19	8	6	7,800
20	15	7	10,400
21	8	4	7,800
22	8	6	7,800
23	6	4	6,500
24	6	5	7,800
25	5	1	3,900

산포도를 살펴보면 근속연수와 업무성적 모두 연봉과 직선형태의 상관관계가 있는 것으로 예측해도 무방할 것으로 검토된다.

회귀분석 예측

1. 연봉과 근속연수 및 업무성과의 관계를 검토하기 위해 중회귀 분석을 실시한다.
   - 엑셀에서 회귀분석은 [데이터]−[데이터분석]−[회귀분석]을 다음 <그림 8−9>와 같이 차례대로 시행한다.

그림 8-9 | 회귀분석 도구

2. 회귀분석에 필요한 Y축과 X축의 범위를 입력하고 결과를 출력할 범위를 지정한다.

- Y축의 입력 범위: $D$2:$D$26
- X축의 입력 범위: $B$2:$C$26
- 출력범위: $M$2을 선정한 이후에 확인을 체크한다.

그림 8-10 | 회귀분석 범위 입력

회귀분석 예측결과

1. 회귀분석의 예측결과는 다음과 같다.
   - 회귀분석의 예측모형은 다음 식과 같다.

     연봉＝상수항＋(B1×근속연수)＋(B2×업무성과)

     연봉＝2997.879＋(196.0146×근속연수)＋(701.6082×업무성과)
   - 회귀분석의 설명력을 나타내는 조정된 결정계수는 0.796으로 약 80%를 회귀모형으로 설명하고 있음을 의미한다.
   - 독립변수 X1(근속연수)과 X2(업무성과)의 t통계량은 각각 2.32와 6.17로 조사되었으며 표준오차인 P값은 각각 0.05보다 작아 근속연수와 업무성과 모두 설명력이 5%수준에서 유의하다.
2. 근속연수가 5년이고 업무성과가 5인 근로자의 연봉을 예측하면 약 7,486만원으로 예측된다.
   - 2997.879＋(196.0146×5)＋(701.6082×5)＝7485.9928

그림 8-11 │ 회귀분석 예측결과

	요약 출력								
	회귀분석 통계량								
	다중 상관계수	0.90181							
	결정계수	0.81326							
	조정된 결정계	0.79628							
	표준 오차	695.086							
	관측수	25							
	분산 분석								
		자유도	제곱합	제곱 평균	F 비	유의한 F			
	회귀	2	46290032.5	23145016.3	47.90500845	9.63042E-09			
	잔차	22	10629167.5	483143.976					
	계	24	56919200						
		계수	표준 오차	t 통계량	P-값	하위 95%	상위 95%	하위 95.0%	상위 95.0%
	Y 절편	2997.88	508.1061	5.9001	0.0000	1944.1312	4051.6263	1944.1312	4051.6263
	X 1	196.015	84.4420	2.3213	0.0299	20.8926	371.1367	20.8926	371.1367
	X 2	701.608	113.5638	6.1781	0.0000	466.0913	937.1251	466.0913	937.1251

제 9 장

농산물판매분석

농산물판매분석

9.1 장바구니 분석

연관성 분석은 거래나 사건을 포함하는 자료를 이용하여 연관 규칙을 발견함으로써 둘 이상 품목들의 상호연관성을 밝히는 분석방법이다. 다시 말하면, 어떤 거래가 어떤 거래와 동반하여 발생하는지에 대한 연구라고 말할 수 있다. 거래량 자료를 이용하여 상품 구매 항목들 사이의 연관성에 대한 규칙을 추론하고 만약 X란 상품을 구매하면, Y란 상품도 함께 구매할 것이다라는 간단하고 명확한 규칙을 생성하는 방법이다.

장바구니 분석(Market Basket Analysis)은 연관성 분석방법 가운데 하나로써 동시에 구입한 상품들의 연관성 규칙을 분석하는 방법이며 데이터 마이닝 분석기법 가운데 하나이다. 다시 말하면, X라는 상품이 Y라는 상품과 함께 팔리는 확률이 높다는 연관성 규칙을 장바구니 분석을 통해서 확인하고, 이를 상품의 패키징이나 꾸러미 상품개발 및 상품 진열 레이아웃 등에 활용한다.

장바구니 분석에서는 연관성 규칙을 추출함에 있어 수량화 된 기준이 필요하고 그 기준에는 지지도(Support), 신뢰도(Confidence), 리프트(Lift) 세 가지 기준이 사용된다. 만약 관심 있는 규칙이 X라는 상품을 구입한 사람은 Y라는 상품도 구입한다라고 가정하면, 연관성 규칙의 세 가지 기준은 다음과 같이 설명할 수 있다.

(1) 지지도(Support)는 전체 거래 중 X와 Y를 포함하는 거래량이 어느 정도인가를 파악하는 측정의 기준이며, 다음과 같은 확률로 구해진다.

지지도(Support) = $n(X \cap Y) / N$

여기서, N은 전체의 거래 빈도수이고, $n(X \cap Y)$는 X라는 상품과 Y라는 상품을 함께 구매한 빈도수이다.

(2) 신뢰도(Confidence)는 X라는 상품을 구매한 거래 중에서 Y라는 상품이 포함된 거래의 정도를 측정하는 기준이다. 이는 연관성 규칙의 강도를 나타내며 다음과 같은 조건부 확률로 구해진다.

신뢰도(Confidence) = $P(Y \mid X)$

(3) 리프트(Lift)는 임의로 Y를 구매하는 경우에 비해 X와의 관계가 고려되어 구매되는 경우의 비율을 측정하는 기준이며 다음과 같이 나타난다.

리프트(Lift) = $P(Y \mid X) / P(Y) = P(X \cap Y) / P(X) \cdot P(Y)$

여기서, $P(Y)$는 전체 거래 중에서 Y라는 상품거래가 일어나는 확률이다.

리프트(Lift) 값이 1에 가깝다는 것은 통계적으로 서로 독립이라는 것을 의미한다. 리프트 값이 1보다 크다는 것은 양의 연관 관계를 의미하며 1보다 작으면 음의 연관 관계를 갖는다는 것을 의미한다.

장바구니분석에서는 리프트 이외에도 지지도, 신뢰도 기준들을 사용하여 연관성 규칙을 추출한다. 의미 있는 연관성 규칙이 되기 위해서는 신뢰도 값이 크면 좋은 결과이지만, 지지도 값도 어느 정도 수준에 도달해야 한다. 그러나 신뢰도와 지지도에 대한 절대적인 기준값이 이론적으로 정립되어 있는 것은 아니며, 분석자의 경험과 판단에 의하여 반복적으로 값을 변경하며 의미 있는 규칙을 찾아내야 한다.

장바구니 분석은 실제로 다양한 분야에서 활용된다. 상품의 구매 자료를 분석하여 대형 마트의 마케팅 전략에 사용할 수 있으며, 또한 신용카드 구매 기록 등을 통하여 해당 고객이 다음에 어떤 상품이나 서비스를 이용할 가능성이 높은지를 예측할 수 있다.

9.2 장바구니 분석에 의한 묶음상품 개발

한국농장법인의 서울영업점에서는 채소, 고기, 과일, 우유, 주류, 생선류 등의 다양한 상품들을 판매하고 있다. 한국농장에서는 소비자가 서울영업점을 이용한 실적인 POS 자료를 이용하여 소비자들이 제품 구입시 함께 구입하는 제품의 쌍을 분석하여 리프트(lift)가 높은 상품끼리 묶어서 묶음판매를 기획하고 있다. 요일자료는 1＝월요일, 2＝화요일, …, 7＝일요일로 표시하고 채소, 고기, 과일, 우유, 주류, 생선은 1＝구입, 0＝미구입을 의미한다. 예를 들어 첫 번째 트랜잭션에서 소비자는 채소, 우유, 생선을 금요일에 구입했음을 의미한다. 100명의 소비자 POS 자료를 이용하여 연관성이 높은 제품의 묶음을 구성하시오.

표 9-1	한국농장법인 제품판매 실적						
트랜잭션	요일	채소	고기	과일	우유	주류	생선
1	5	1	0	0	1	0	1
2	4	1	1	1	1	0	0
3	5	1	0	0	0	0	0
4	5	1	0	1	0	0	0
5	7	1	1	0	1	0	1
6	2	1	0	1	0	0	1
7	3	0	0	0	0	1	0
8	3	1	0	0	1	0	1
9	6	1	0	1	0	0	0
...							
100	4	1	1	1	0	1	0

모형화

1. 입력자료

- 소비자 POS 자료를 A3:H102에 입력한다.

그림 9-1 | 장바구니 자료

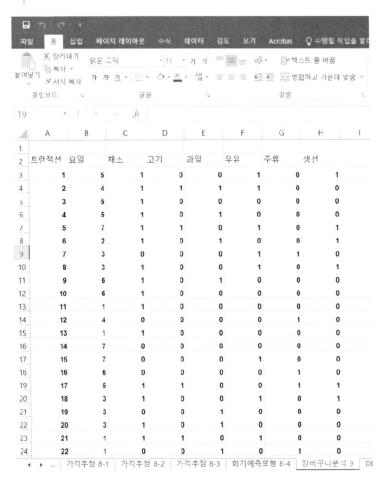

트랜잭션 비율 계산

1. 영역에 이름 부여

- 이름상자를 이용하여 B4:H102 영역에 이름을 부여한다.
- [수식]−[이름관리자]를 클릭한 후 요일부터 생선까지 영역별 이름을 부여한다.

2. 총 개수 계산

- L1셀에서 =COUNT(B:B)로 전체 트랜잭션의 개수를 카운트 한다(<그림 9-5> 참조).

3. 상품별 트랜잭션 비율 계산

- L3:L8셀에 상품별 트랜잭션 비율을 각각 계산한다.
- L3셀에 =COUNTIF(INDIRECT(K3),1)/$L$1을 입력하여 채소의 트랜잭션 비율을 계산한다.
- L3셀을 L4:L8까지 복사하여 고기, 과일, 우유, 주류, 생선의 트랜잭션 비율을 계산한다.
- COUNTIF 함수는 주어진 숫자나 텍스트를 영역에서 찾아서 개수를 계산한다. 트랜잭션의 60.7%가 채소와 관련이 있다는 것을 알 수 있다.

4. 요일별 트랜잭션 비율 계산

- L11:L17셀에 요일별 트랜잭션 비율을 계산한다.
- L11셀에는 =COUNTIF(요일,K11)/COUNT(요일)을 입력하여 전체요일에서 1(월요일)이 차지하는 비율을 계산한다. L11셀=11.0%로 계산되어 트랜잭션 가운데 11.0%가 월요일에 발생한다.
- L11셀을 L12:L17에 복사하여 화요일, 수요일, 목요일, 금요일, 토요일, 일요일에 발생하는 트랜잭션의 비율을 계산한다.

리프트(lift) 계산

1. 2원리프트 품목선정

- N3:O3에 2원리프트 품목을 선정한다.
- 채소와 과일 상품 선택하고 N4셀과 O4셀에 1(선택) 입력한다.

2. 채소와 과일조합이 함께 나온 경우의 수 계산

- P4셀에 =SUM((INDIRECT(N3)=1)*(INDIRECT(O3)=1))을 입력하여 채소

와 과일 조합이 함께 나온 경우의 수를 계산한다.

- 식을 입력한 다음 <Enter> 대신 <Ctrl> + <Shift> + <Enter>를 사용하여 배열수식을 입력한다. 이 식은 두 개의 행렬(채소 열이 1이면 1이고, 그렇지 않으면 0 행렬, 그리고 과일 열이 1이면 1이고, 그렇지 않으면 0 행렬)을 만든 후에, 배열을 상호 간에 곱한다. 그리고 결과 배열의 항목을 서로 더한다. 배열에서 짝끼리 곱한 결과는 과일과 채소를 모두 포함하는 트랜잭션의 개수(20개)이다.

3. 트랜잭션의 예상수 계산

- Q4셀에 식=IF(N3<>O3,VLOOKUP(N3,K3:L8,2,FALSE)*L1*VLOOKUP(O3, K3:L8,2,FALSE),0)을 사용하여 두 상품이 서로 독립적일 때 두 상품을 모두 포함하는 트랜잭션의 예상 수를 계산한다. 만약 동일한 상품을 두 번 선택했으면 0을 입력한다.

4. 2원리프트 계산

- R4셀에 =IF(Q4=0,1,P4/Q4)을 입력하여 범주들에 대한 총 리프트를 계산한다. 만약 동일한 아이템을 두 번 선택했다면 리프트의 값은 그냥 1로 설정한다. 그렇지 않으면 과일과 채소가 함께 나타난 실제 경우의 수를 예상 수로 나눈다.

5. 전체 2원리프트

- O11:U17셀에 전체 2원리프트를 계산한다.
- O11셀에 재계산하는 리프트(=R4)를 입력한다.
- 재계산 영역 O11:U17을 선택한다.
- [데이터] → [가상분석] → [데이터 표]를 선택한다.
- 데이터 표 대화상자에서 '행 입력 셀'로 N3, '열 입력 셀'로 O3를 선택하여 확인을 클릭한다.

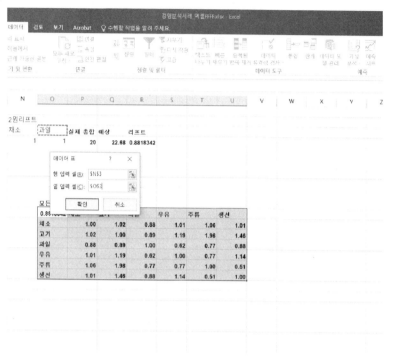

그림 9-4 | 2원리프트 작성하기

6. 전체 2원리프트 분석결과

- 2원리프트 분석결과 리프트가 1보다 큰 양의 연관관계를 보이는 조합은 주류와 고기의 리프트가 1.98, 생선과 고기의 리프트가 1.46, 우유와 생선의 리프트가 1.14로 분석되어 이들을 묶음상품으로 기획할 필요가 있다.

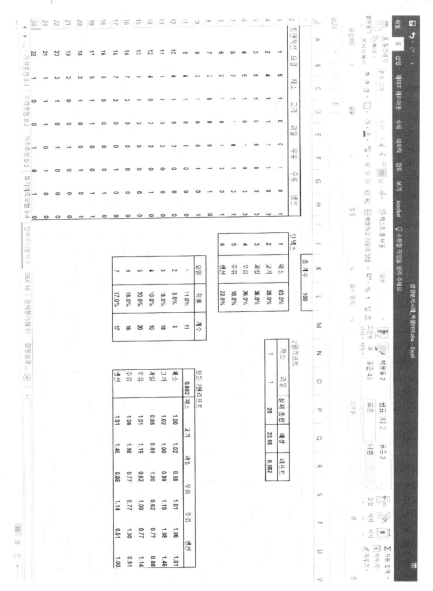

그림 9-5 묶음상품의 2원리프트 계산결과

제 10 장

경영효율성분석

경영효율성분석

10.1 자료포락분석(DEA)

　경영의 효율성(efficiency)은 사용한 투입물에 대한 산출물의 비율이며, 일정한 양의 투입을 통해 얻을 수 있는 최대한의 산출물 또는 일정한 산출을 얻기 위해 투입되는 최소한의 투입량이라고 정의할 수 있다. Farrell(1957)이 효율성 측정을 시도한 이후 Charnes, Cooper 그리고 Rhodes(1978)는 복수의 투입재 사용에 의한 복수의 산출물을 생산하는 생산조직의 상대적인 효율성을 측정하는 방법을 제안하였다.

　DEA 모형은 효율성 측정을 위해 함수형태를 가정하지 않는 비모수적인 기법이다. DEA는 다수의 투입물과 산출물을 동시에 다룰 수 있는 기법으로 효율적인 결과치를 내는 최상의 의사결정단위들(Decision Making Units, DMUs)을 준거집단으로 하여 비효율적인 DMU의 상대적 효율성을 측정하는 방법이다. DEA 모형은 크게 CCR 모형(Charnes, Cooper & Rhodes, 1978)과 BCC 모형(Banker, Charnes & Cooper, 1984)으로 구분할 수 있다.

　DEA 분석에서는 분석대상이 되는 사업체를 DMU(Decision Making Unit)라 부르고 이 DMU는 전부 n개 있다고 가정한다. 또한 각 DMU들은 m(i=1, 2, ..., m)개의 투입요소를 투입하여 s(r=1, 2, ..., s)개의 산출물을 생산한다고 가정하자. k번째 농가의 효율성 평가를 위해 대상 DMU의 투입 대비 산출의 비율이 1보다 작거나 같고 또한 투입 및 산출요소의 가중치는 0보다 크다고 제약할 때 이러한 전제하에서 각

DMU별로 투입대비 산출비율을 최대화 할 수 있는 CCR 모형을 정의하면 다음의 식과 같다.

$$\text{Maximize} \quad E_k = \frac{\sum\limits_{r=1}^{s} y_{kr} u_{kr}}{\sum\limits_{i=1}^{m} x_{ki} v_{ki}}$$

$$\text{subject to} \quad E_k = \frac{\sum\limits_{r=1}^{s} y_{jr} u_{kr}}{\sum\limits_{i=1}^{m} x_{ji} v_{ki}} \leq 1, j = 1,2,...,n$$

$$v_{ki} \geq \epsilon, \; i = 1,2,...,m$$

$$u_{kr} \geq \epsilon, \; r = 1,2,...,s$$

상기 식의 목적함수는 k번째 DMU의 가중치 v_{k1}, v_{k2}, ..., v_{km}과 u_{k1}, u_{k2}, ... , u_{ks} 를 사용하여 계산한 k번째 DMU 자신의 효율성을 최대화 하는 선형계획문제가 된다. 분수형태의 CCR 모형을 선형계획문제로 전환하면 CCR 승수모형이 되는데 변환하는 방법에 따라 투입방향 또는 산출방향 CCR 승수모형으로 나뉜다. 투입방향 CCR 승수모형을 수식으로 표현하면 다음 식과 같다.

$$\text{Maximize} \; E_k = \sum_{r=1}^{s} y_{kr} u_r$$

$$\text{subject to} \; \sum_{i=1}^{m} x_{ki} v_i = 1$$

$$\sum_{r=1}^{s} y_{jr} u_r - \sum_{i=1}^{m} x_{ji} v_i \leq 0, j = 1,2,...,n$$

$$v_{ki} \geq \epsilon, \; i = 1,2,...,m$$

$$u_{kr} \geq \epsilon, \; r = 1,2,...,s$$

CCR 승수모형은 선형계획법모형인데 이를 통해 효율성 값을 구하기가 어려워 CCR 포락모형을 이용한다. CCR 승수모형의 제약식에 대응하는 쌍대변수를 각각

θ, λ_j, s_i^-, s_r^+ 라고 가정하여 변환한 CCR 포락모형은 다음 식과 같다.

$$\text{Minimize } \theta - \epsilon \sum_{i=1}^{m} s_i^- - \epsilon \sum_{r=1}^{s} s_r^+$$

$$\text{subject to } x_{ki}\theta - \sum_{j=1}^{n} x_{ji}\lambda_j - s_i^- = 0, \ i=1,2,...,m$$

$$\sum_{j=1}^{n} y_{jr}\lambda_j - s_r^+ = y_{kr}, \ r=1,2,...s$$

$$\lambda_j \geq 0, \ j=1,2,...,n$$

$$s_i^- \geq 0, \ i=1,2,...,m$$

$$s_r^+ \geq 0, \ r=1,2,...,s$$

DEA법의 특징 가운데 하나는 생산가능집합의 조건들 가운데 λ에 대한 존재범위를 다양하게 설정함으로써 DEA의 생산가능집합을 변경할 수 있다.

BCC모형은 규모의 효과가 대상 DMU에 대해 변동적임을 가정하여 $\sum_{j=1}^{n}\lambda_j = 1$을 추가함으로써 규모에 대한 수익증가, 불변, 감소를 모두 포함하는 VRS 모형으로 변환한 모형이다.

$$\text{Minimize } \theta - \epsilon \sum_{i=1}^{m} s_i^- - \epsilon \sum_{r=1}^{s} s_r^+$$

$$\text{subject to } x_{ki}\theta \geq \sum_{j=1}^{n} x_{ji}\lambda_j = 0, \ i=1,2,...,m$$

$$y_{kr} \leq \sum_{j=1}^{n} y_{jr}\lambda_j, \ r=1,2,...s$$

$$\sum_{j=1}^{n}\lambda_j = 1, \ \lambda_j \geq 0, \ j=1,2,...,n$$

10.2 농업법인의 경영효율성분석

한국농업법인은 서울, 대전, 부산에서 농산물을 판매하는 직판장을 운영하고 있다. 이들 3개 직판장의 생산효율성을 분석하기 위해 다음의 투입항목과 산출물 항목을 선정하였다. 투입요소와 산출물의 내용이 <표 10-1>과 같을 때 직판장별 생산효율성을 분석하시오.

표 10-1	한국농업법인 직판장의 월별 투입요소량과 산출량				(단위: 만원, 명)
	투입요소량		산출물		
	임대료	직원수	매장판매	주문판매	택배판매
서울	200	10	3,000	2,000	3
대전	300	12	3,100	1,800	4
부산	170	5	3,000	1,900	4

수리모형화

- maximize $Z = 3{,}000\mu_1 + 2{,}000\mu_2 + 3\mu_3$
- 제약조건: $3{,}000\mu_1 + 2{,}000\mu_2 + 3\mu_3 - (200\nu_1 + 10\nu_2) \leqq 0$

  $3{,}100\mu_1 + 1{,}800\mu_2 + 4\mu_3 - (300\nu_1 + 12\nu_2) \leqq 0$

  $3{,}000\mu_1 + 1{,}900\mu_2 + 4\mu_3 - (170\nu_1 + 5\nu_2) \leqq 0$

  $200\nu_1 + 10\nu_2 \leqq 1$

  $\mu, \nu \geqq 0$

10.2.1. 서울직판장의 선형계획 모형과 해찾기 과정

서울직판장의 엑셀시트 모형화와 해찾기 실행과정은 다음과 같다.

엑셀시트 모형화

1. 주어진 자료를 입력한다.

- 2가지 투입요소는 B5:C7에 입력하고 3가지 산출물은 D5:F7에 입력한다.

2. 투입물 원가와 산출물 가치를 계산한다.

- 투입물 원가는 B13:B15에 입력하고 산출물 가치는 D13:D15에 입력한다.
- B13 = SUMPRODUCT(B$10:C$10, B5:C5)
- B14 = SUMPRODUCT(B$10:C$10, B6:C6)
- B15 = SUMPRODUCT(B$10:C$10, B7:C7)
- D13 = SUMPRODUCT(D$10:F$10, D5:F5)
- D14 = SUMPRODUCT(D$10:F$10, D6:F6)
- D15 = SUMPRODUCT(D$10:F$10, D7:F7)

3. 서울직판장에 대한 투입물 원가와 산출물 가치 계산식을 복사한다.

- B17셀에 서울직판장의 투입원가에 대한 수식 = B13을 복사하고 D17셀에는 1을 입력한다.
- B18셀에 서울직판장 산출물에 대한 수식(= D13)을 복사한다.

| 그림 10-1 | 서울직판장의 자료 입력창 |

해찾기 실행

1. 목표셀: $B$18
2. 값을 바꿀셀: $B$10:$F$10
3. 제한조건
    • $B$10:$F$10 >=0
    • $B$17=$D$17
    • $B$13:$B$15 >=$D$13:$D$15

| 그림 10-2 | 서울직판장 해찾기 모델 설정 |

4. 해찾기를 실행한다.
    • 해찾기 모델 설정 작업을 마친 이후에는 해찾기와 확인을 클릭하여 결과를 얻는다.
5. B18셀의 산출물 총가치가 투입물 원가의 가치와 동일한 결과를 보이는지에 따라서 효율성 여부를 판단한다.

- 현재 B18셀의 효율성 값이 0.89로 계측되어 서울직판장은 비효율적인 요소가 0.11, 다시 말하면 100%로 환산할 경우에 11% 정도의 비효율적인 요소가 존재한다는 점을 알 수 있다.

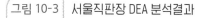

그림 10-3 │ 서울직판장 DEA 분석결과

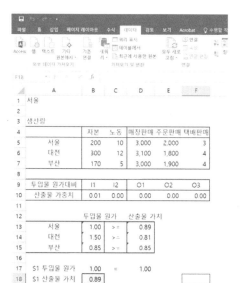

10.2.2. 대전직판장의 엑셀시트 모형화와 해찾기 실행과정

1. 주어진 자료의 입력과 투입물 원가 및 산출물 가치 계산은 서울직판장과 동일하게 H1:M11로 복사하여 이용한다
2. 대전직판장에 대한 투입물 원가 및 산출물 가치 계산식을 복사한다.
   - I17셀에 서울직판장의 투입원가에 대한 수식(=I14)을 복사하고 K17셀에는 1을 입력한다.
   - I18셀에 대전직판장 산출물에 대한 수식(=K14)을 복사한다.

그림 10-4 | 대전직판장의 자료 입력창

3. 해찾기 실행은 서울직판장의 효율성 분석과 동일하게 시행한다.

그림 10-5 | 대전직판장 해찾기 모델 설정

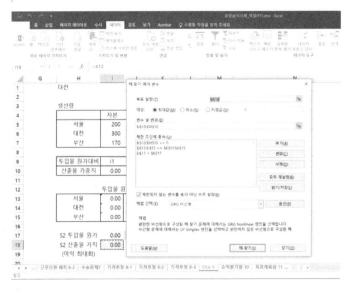

4. 분석결과

- I18셀의 산출물 총가치가 투입물원가의 가치와 동일한 결과를 보이는지로
  효율성을 판단할 수 있다.
- I18셀의 값이 0.59로 대전직판장은 효율적이지 않다고 판단된다.

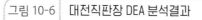

그림 10-6 ┃ 대전직판장 DEA 분석결과

10.2.3. 부산직판장의 엑셀시트 모형화와 해찾기 실행과정

1. 주어진 자료의 입력과 투입물 원가 및 산출물 가치 계산은 서울직판장, 대전
   직판장과 동일하게 O1:T11로 복사하여 이용한다
2. 부산직판장에 대한 투입물 원가와 산출물 가치 계산식을 복사한다.
   - P17셀에 서울직판장의 투입원가에 대한 수식(=P15)을 복사하고 R17셀에는
     1을 입력한다.
   - P18셀에 대전직판장 산출물에 대한 수식(=R15)을 복사한다.
3. 해찾기 실행은 서울직판장, 대전직판장의 효율성 분석과 동일하게 시행한다.

4. 분석결과

- P18의 산출물 총가치가 투입물원가의 가치와 동일한 결과를 보이는지로 효율성을 판단할 수 있다. P18의 값이 1.00으로 계측되어 부산직판장은 효율적인 조직임을 알 수 있다. 서울, 대전, 부산직판장의 효율성 계측결과 산출물가치가 1인 부산직판장이 가장 효율적이고 다음으로 서울직판장과 대전직판장인 것으로 조사되었다.

그림 10-7	부산직판장 DEA 분석결과	

제 11 장

손익분기점분석

손익분기점분석

11.1 손익분기점 모형

손익분기점분석은 새로운 기술을 개발했을 때 그 기술이 어느 정도의 규모나 생산량에서 기존 기술보다 경제성이 있는가를 비교할 때 사용하는 방법이다.

손익분기점은 총수익과 총비용이 일치하는 생산량, 판매량과 규모이며, 이익도 손실도 발생하지 않는 점을 의미한다. 수익과 비용이 균형되는 매출액 또는 판매량을 나타내는 것으로 이는 수익과 비용이 똑같게 되어 손익이 0이 되는 매출을 의미한다. 매출이 손익분기점 이하가 되면 손실이 발생하지만, 매출이 손익분기점 이상이 되면 이익이 발생한다.

손익분기점분석은 새로운 농업기계를 도입할 때 어느 정도의 생산규모 또는 생산량에서 총수익과 총비용이 일치하는지를 분석하여 의사결정을 위한 자료로 이용할 수 있다.

손익분기점의 응용사례는 다음과 같다.

- 일정한 이익을 얻기 위하여 필요한 매출액을 산출함
- 농산물 판매가격이 변화한 경우의 손익분기점을 계산함
- 변동비 또는 고정비가 증가한 경우의 손익분기점을 구함
- 일정한 매출액일 때의 예정 이익을 산출함

- 경영변화를 어느 정도 예측하는 것이 가능

손익분기점을 계산하는 방법은 크게 도표법과 공식법이 있다.
도표법에 의한 손익분기점 작성방법은 다음과 같다.

- 먼저 정사각형으로 만들고 종축은 수익, 비용 및 손익을 표시하고, 적당히 구분해서 눈금을 정한다. 그리고 횡축에는 매출액 및 조업도를 표시하고 눈금을 정한다.
- 좌하점에서 우상점으로 대각선 OA를 그으면, OA는 매출액선이 된다.
- 고정비의 눈금을 결정하여 그 눈금을 정하고, 횡축과 평행이 되도록 고정비선 CE를 긋는다.
- 고정비선의 C점을 기준으로 다음에 우축의 비용을 표시하는 눈금에 변동비에 해당하는 눈금 D를 정하고 선 CD를 긋는다. 이 선 CD가 변동비선인 동시에 총비용선이 된다. 이때 매출액선 OA와 총비용선 CD가 교차하는 점 B가 바로 손익분기점이며, 이 점의 오른쪽은 이익, 왼쪽은 손실이 발생하는 매출액을 나타낸다.

그림 11-1 | 손익분기점 구성항목

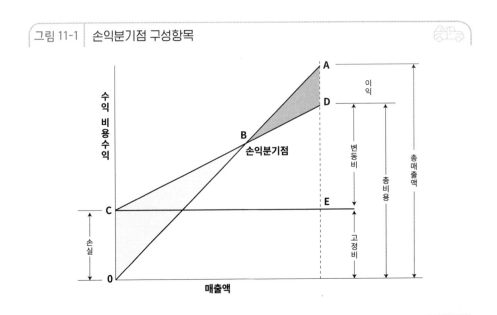

다음으로 공식법식에 의한 손익분기점 계산은 비용을 고정비와 유동비로 나누고 매출액(조수익)을 계산하여 다음 공식에 대입하여 구할 수 있다.

$$손익분기점 = \frac{F}{1 - \dfrac{V}{S}} \quad 여기서, F=고정비, V=유동비, S=매출액$$

손익분기점 분석을 위해서는 다음 조건을 만족해야 한다.

첫째, 총비용을 고정비와 유동비로 구분할 수 있어야 한다. 고정비는 생산량에 상관없이 고정적으로 발생하는 감가상각비, 수리비, 자기자본 등으로 구성되고, 유동비는 생산량 증감에 따라 일정한 비율을 가지고 변동하는 노임과 연료비 등으로 구성된다.

둘째, 손익분기점 분석은 원칙적으로 단일 품목에 한하여 적용된다.

셋째, 총수익은 판매량에 정비례하고 단위당 판매가격은 항상 일정하며, 생산성이나 경영효율성에 변화가 없음을 가정한다.

11.2 시설오이 농가의 손익분기점분석

시설오이를 재배하고 있는 한국농장의 10a당 경영성과는 <표 11-1>과 같다. 한국농장의 손익분기점 생산량과 손익분기점 조수익을 구하시오.

표 11-1	시설오이 농가의 경영성과			
수량(kg)	단가 (원/kg)	조수익 (원/10a)	유동비 (원/10a)	고정비 (원/10a)
10,000	900	9,000,000	1,840,000	4,365,948

11.2.1. 공식법에 의한 손익분기점분석

- 손익분기점 생산량 = 고정비 ÷ (가격 − (유동비 ÷ 수량))

$$= 4,365,948 ÷ (900 − (1,840,000 ÷ 10,000)) = 6,098kg$$

- 손익분기점 조수익 = 고정비 ÷ (1 − (유동비 ÷ 조수익))

$$= 4,365,948 ÷ (1 − (1,840,000 ÷ 9,000,000)) = 5,487,923원$$

11.2.2. EXCEL을 이용한 손익분기점분석

모형화

1. 입력자료

- D1(가격), D2(고정비), D3(유동비), B6:B16(생산량) 자료를 입력한다.
- D1에 kg당 가격 900원 입력
- D2에 10a당 고정비 4,365,948원 입력
- D3에 kg당 유동비 184원 입력
- 생산량을 B6:B16에 0부터 현재 생산량 10,000kg까지 입력

2. 비용추정

- C6:C16(유동비용), D6:D16(고정비용), E6:E16(비용) 자료를 계산한다.
- C6 = B6*$D$3, 이후에 C7:C16까지 복사
- D6 = $D$2, 이후에 D7:D16까지 복사
- E6 = C6 + D6, 이후에 E7:E16까지 복사

3. 조수익

- F6:F16셀에 조수익 자료를 계산한다.
- F6 = B6*$D$1, 이후에 F7:F16까지 복사

4. 손익분기점 생산량과 손익분기점 조수익

- C18셀과 C19셀에 손익분기점 생산량과 조수익을 계산한다.

- C18 = D16/(D1 - (C16/B16))
- C19 = D16/(1 - (C16/F16))

5. 손익분기점 그래프를 작성한다.

- 분석결과, 손익분기점 생산량은 C18셀에 손익분기점 조수익은 C19셀에 표시된다. 시설오이 농장의 손익분기점 생산량은 6,098kg을 생산할 때이며, 이때의 조수익은 5,487,923원이다.

그림 11-2 | 손익분기점 분석결과

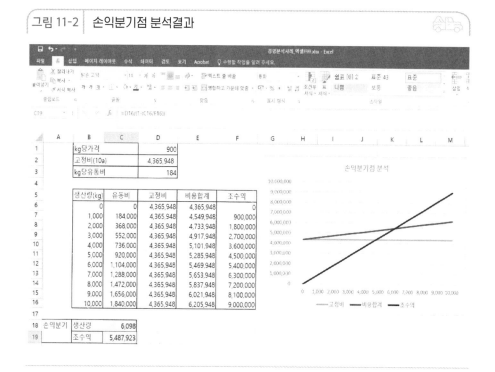

제 12 장

경영성과분석

경영성과분석

12.1 재무제표를 이용한 경영성과분석

재무제표는 회계상 재무현황을 기록한 문서로서 기업회계기준에 따르면 재무상태표(대차대조표), 손익계산서, 현금흐름표, 주기 및 주석을 재무제표로 규정하고 있다.

대차대조표는 일정시점에서의 재산상황을 정리한 표이며 회계기간에 변화한 재산의 증감상태를 정리한 일람표이다. 대차대조표는 자산, 부채, 자본이라는 3개의 요소로 구성되어 있다. 대차대조표는 차변(대차대조표의 왼쪽)과 대변(대차대조표의 오른쪽)으로 구분하여 비교하며 차변에는 자산을 기입하고, 필요한 자금원인 부채(타인자본)와 자본(자기자본)은 대변에 기입한다. 대차대조표의 차변(자산의 합계)과 대변(부채와 자본의 합계)은 반드시 일치한다.

손익계산서는 일정기간의 수익과 비용을 정리한 표이다. 회계기간 동안에 발생한 수익과 비용이 분개·기록되어 각 계정에 전기·집계된 결과가 일정한 형식으로 표시된 집계표가 손익계산서이다. 손익계산서는 일정기간 동안의 수익과 비용을 집계한 재무제표로써 손익의 규모, 구성, 내용, 경영의 성과, 내용 등을 파악할 수 있다. 손익계산서 등식은 비용＋순이익＝수익이다.

현금흐름표는 자금조달부분과 자금운영부분으로 구분하여 현금의 흐름을 정리한 표이기 때문에 현금흐름과 관련이 없는 감가상각비는 제외한다.

재무제표를 이용한 경영성과 분석방법은 다양하지만, 비교적 쉽게 활용할 수 있는 경영성과 분석방법은 수익성 분석, 안정성 분석, 생산성 분석이 있다.

12.2 딸기농가의 경영성과분석

한국농장에서는 설향품목의 딸기를 재배하려고 계획하고 있다. 자본금 10억원으로 먼저 토지를 6억원에 구입하였다. 다음으로 3억원을 투자하여 시설하우스를 설치하고 트랙터, 무인방제기, 양액공급기를 6천 9백만원에 구입하였다. 남은 자본금 3천 1백만원으로는 딸기 재배에 소요되는 생산비를 조달하기 어려워서 정책자금 1억원을 조달하였다.

한국농장의 자금조달현황, 자산현황, 생산 및 판매금액, 인건비, 생산비용, 대차대조표, 손익계산서가 다음과 같을 때 한국농장의 수익성, 안정성, 생산성을 분석하시오.

표 12-1	한국농장의 자금 조달 현황				[단위: 천원]
구분	현금	대농기구	재배시설	토지	계
부채	100,000				100,000
자본금	31,000	69,000	300,000	600,000	1,000,000

표 12-2	한국농장의 자산현황					[단위: 천원, 년]
		규격	구입 가격	현재 가격	내용 년수	감가상각비
재배시설	시설하우스	16,500㎡	300,000	300,000	10	27,000
대농기구	트랙터	38마력	20,000	20,000	10	1,800
	무인방제기		25,000	25,000	10	2,250
	양액공급기		24,000	24,000	10	2,160
토지		19,800㎡	600,000	600,000		

표 12-3	한국농장의 인건비			
구분		시간	단가(원)	금액(천원)
자가	남	2,304	12,111	27,905
고용	여	737	7,039	5,188
합계	남	2,304	12,111	27,905
	여	737	7,039	5,188

표 12-4	한국농장의 조수입과 생산비 현황						(단위: 천원)
항목			2019	2020	2021	2022	2023
조수입		주산물	143,758	149,836	154,117	160,967	167,816
		부산물					
		소계	143,758	149,836	154,117	160,967	167,816
생산비	경영비	중간재비					
		종자비	11,102	11,546	12,008	12,488	12,988
		비료비	645	670	697	725	754
		농약비	175	182	190	197	205
		제재료비	5,430	5,647	5,873	6,108	6,352
		수도광열비	5,748	5,978	6,217	6,466	6,725
		소농구비	28	29	30	32	33
		대농구상각비	6,210	6,210	6,210	6,210	6,210
		시설상각비	27,000	27,000	27,000	27,000	27,000
		수리유지비	7,140	7,140	7,140	7,140	7,140
		기타비용	0	0	0	0	0
		계	63,478	64,403	65,365	66,366	67,407
		임차료	0	0	0	0	0
		위탁영농비	0	0	0	0	0
		고용인건비	5,188	5,396	5,611	5,836	6,069
		계	68,666	69,799	70,977	72,202	73,476
	자가노력비		27,905	29,021	30,182	31,389	32,645
	유동자본용역비		1,064	1,098	1,133	1,170	1,208
	고정자본용역비		11,070	10,074	9,077	8,081	7,085
	토지자본용역비		18,000	18,000	18,000	18,000	18,000
	소계		126,705	127,991	129,369	130,842	132,413

엑셀시트 모형화

1. 자산현황 작성

• 농장운영에 기본이 되는 토지, 재배시설, 농기계 그리고 현금과 부채를 B1:G32
셀에 입력한다.

- 토지: B5:G7셀에 면적, 평가액, 통작거리, 구입연도를 입력한다.
- 재배시설: B11:G12셀에 규모와 평가액 뿐만 아니라 내용연수도 같이 입력한다.
- 농기계: B16:G19셀에 각각의 대농기구에 대한 구입가격, 내용연수, 구입연도를 입력한다.
- 현금: B23:G25셀에 현금과 예금으로 나누어 입력한다.
- 부채: B30:G32셀에 부채를 종류별로 나누어 입력한다.

| 그림 12-1 | 경영성과분석 초기입력자료 |

2. 원리금상환계획 작성

부채가 발생할 경우에는 원리금상환계획을 수립하여 상환액을 결정한다. 정책자금 1억원을 연3% 조건으로 3년거치 7년상환으로 융자받은 경우 엑셀표 입력은

I1:N28셀에 입력되어 있다.

먼저 융자금액을 K4셀에 입력하고 이자율을 M4셀에 입력한다. 다음으로 균등분할상환액을 N4셀에서 계산하면, 연차별 이자와 원금상환액을 계측할 수 있다.

- 융자액: K4＝E32 입력
- 이자율: M4＝3% 입력
- 균등분할상환액: N4＝PMT(M4,7,K4,0,0) 입력

그림 12-2 │ 융자액 1억원 원리금 상환 계획

종류	융자시기	융자액	융자조건	이자율	균등분할상환액
후계자자금	2019년	100,000		3%	-\16,051

(단위 : 천원)

연차	융자잔액	상환원리금			상환연도
		이자	원금상환	계	
2019	100,000	3,000		3,000	
2020	100,000	3,000		3,000	
2021	100,000	3,000		3,000	
2022	86,949	3,000	13,051	16,051	
2023	73,507	2,608	13,442	16,051	
2024	59,662	2,205	13,845	16,051	
2025	45,401	1,790	14,261	16,051	
2026	30,712	1,362	14,689	16,051	
2027	15,583	921	15,129	16,051	
2028	0	467	15,583	16,051	
2029					
2030					
2031					
2032					
2033					

---

3. 조수익과 생산비 자료 입력

농촌진흥청에서 발표하는 농축산물소득자료집을 이용하여 딸기 품목의 조수익과 생산비를 규모에 맞게 수정하여 입력한다.

2020년부터 2023년까지의 조수익은 주산물과 부산물로 나누어 입력한다. 생산량에 상품화율을 곱하여 판매량을 작성하고 판매량과 평년 판매가격을 곱하여 첫해년도의 조수익을 T5셀에 계산하였다. 이후에는 물가상승률 등을 반영한 추정치

를 U5:X5셀에 입력한다.

생산비용은 중간제비와 경영비 그리고 생산비 항목을 각각 구분하여 P8:X27셀에 입력한다. 중간제비는 종자종묘비, 비료비, 농약비, 제재료비, 수도광열비, 감가상각비, 수리유지비, 기타비용을 T8:T17셀에 각각 입력하고 합계를 T18셀에 계산한다. 이후 연도에는 물가상승률을 계산하여 U8:X17셀에 각각 계산한다.

경영비는 중간제비에 임차료, 위탁영농비, 고용인건비를 추가하여 T22셀에 계산하고 생산비는 경영비에 자가노력비, 유동자본용역비, 고정자본용역비, 토지자본용역비를 추가하여 T27셀에 계산한다.

그림 12-3 | 경영성과분석 조수익과 생산비용 입력자료

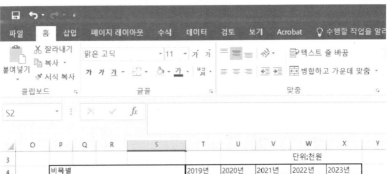

비목별				2019년	2020년	2021년	2022년	2023년
							단위:천원	
조수익			주산물	143,758	149,836	154,117	160,967	167,816
			부산물	-	-	-	-	-
			소계(A)	143,758	149,836	154,117	160,967	167,816
생산비	경영비	중간제비	종자종묘비	11,102	11,546	12,008	12,488	12,988
			비료비	645	670	697	725	754
			농약비	175	182	190	197	205
			제재료비	5,430	5,647	5,873	6,108	6,352
			수도광열비	5,748	5,978	6,217	6,466	6,725
			소농구비	28	29	30	32	33
			대농구상각비	6,210	6,210	6,210	6,210	6,210
			영농시설상각비	27,000	27,000	27,000	27,000	27,000
			수리유지비	7,140	7,140	7,140	7,140	7,140
			기타비용	-	-	-	-	-
			계	63,478	64,403	65,365	66,366	67,407
		임차료		-	-	-	-	-
		위탁영농비		-	-	-	-	-
		고용인건비		5,188	5,396	5,611	5,836	6,069
		계		68,666	69,799	70,977	72,202	73,476
	자가노력비			27,905	29,021	30,182	31,389	32,645
	유동자본용역비			1,064	1,098	1,133	1,170	1,208
	고정자본용역비			11,070	10,074	9,077	8,081	7,085
	토지자본용역비			18,000	18,000	18,000	18,000	18,000
	소계(D)			126,705	127,991	129,369	130,842	132,413
부가가치				80,280	85,433	88,751	94,600	100,409
소득				75,092	80,037	83,140	88,765	94,340

재무제표

1. 생산원가

생산원가는 재료비, 노무비, 경비로 구분된다. 재료비는 딸기를 생산하는데 투입된 영농자재비용이며 종자종묘비, 비료비, 농약비, 제재료비가 해당한다. AA5셀에＝T8＋T9＋T10＋T11을 입력한다.

노무비는 인건비에 해당한다. 영농형태에 따라 노무비 계산 항목에 차이가 있을 수 있다. 개인 농가는 경영주를 제외한 고용인건비를 노무비에 포함시키지만 법인체는 법인대표도 급여를 받기 때문에 노무비에 자가인건비에 해당하는 항목이 포함된다. 생산원가가 생산물을 생산하는데 투입되는 원가를 정의하기 때문에 자가인건비도 노무비에 포함하여 AA7:AE10에 입력한다.

경비는 감가상각비, 수선유지비, 수도광열비, 소농구비, 임차료, 위탁영농비 등으로

그림 12-4 | 경영성과분석 원가계산서

생산원가 (단위 : 천원)

과 목	2019년	2020년	2021년	2022년	2023년
I. 영농자재비	17,352	18,046	18,768	19,518	20,299
II. 노무비	33,093	34,416	35,793	37,225	38,714
1. 상용직인건비	5,188	5,396	5,611	5,836	6,069
2. 일일고용 인건비					
3. 자가 인건비	27,905	29,021	30,182	31,389	32,645
III. 경비	46,126	46,357	46,598	46,848	47,108
1. 감가상각비	33,210	33,210	33,210	33,210	33,210
가. 영농시설	27,000	27,000	27,000	27,000	27,000
나. 대농기구	6,210	6,210	6,210	6,210	6,210
2. 수선 유지비	7,140	7,140	7,140	7,140	7,140
3. 수도광열비	5,748	5,978	6,217	6,466	6,725
4. 소농구비	28	29	30	32	33
5. 임차료	-	-	-	-	-
6. 위탁영농비	-	-	-	-	-
7. 기타경비					
IV. 당기 총 생산원가	96,571	98,820	101,159	103,591	106,121
IX. 딸기생산물생산원가	96,571	98,820	101,159	103,591	106,121

구성되며 AA13:AA21셀에 각각 입력하고 합계를 AA12셀에 계산한다. 2년차부터는 1년차 결과를 바탕으로 물가상승률을 계산하여 AB12셀에서 AE21셀까지 추정한다.

총생산원가는 재료비, 노무비, 경비를 합산한 금액으로 AA23셀에 입력한다. AA23셀에는 ＝AA5＋AA7＋AA12를 입력한다.

2. 손익계산서

손익계산서는 일정기간(1년) 동안 발생한 수익과 비용을 집계한 표이며 수익과

그림 12-5 경영성과분석 손익계산서

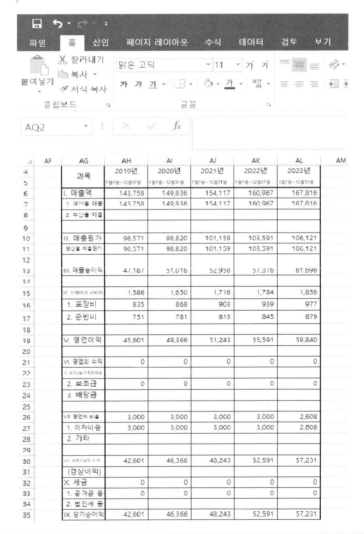

	과목	2019년	2020년	2021년	2022년	2023년
		1월1일~12월31일	1월1일~12월31일	1월1일~12월31일	1월1일~12월31일	1월1일~12월31일
	I. 매출액	143,758	149,836	154,117	160,967	167,816
	1. 생산물 매출	143,758	149,836	154,117	160,967	167,816
	2. 부산물 매출					
	II. 매출원가	96,571	98,820	101,159	103,591	106,121
	생산물 매출원가	96,571	98,820	101,159	103,591	106,121
	III. 매출총이익	47,187	51,016	52,958	57,376	61,696
	IV. 판매비와 관리비	1,586	1,650	1,716	1,784	1,856
	1. 포장비	835	868	903	939	977
	2. 운반비	751	781	813	845	879
	V. 영업이익	45,601	49,366	51,243	55,591	59,840
	VI. 영업외 수익	0	0	0	0	0
	1. 토지/농기계임대료					
	2. 보조금	0	0	0	0	0
	3. 배당금					
	VII. 영업외 비용	3,000	3,000	3,000	3,000	2,608
	1. 이자비용	3,000	3,000	3,000	3,000	2,608
	2. 기타					
	VIII. 세차감전 순이익	42,601	46,366	48,243	52,591	57,231
	(경상이익)					
	X. 세금	0	0	0	0	0
	1. 공과금 등	0	0	0	0	0
	2. 법인세 등					
	IX. 당기순이익	42,601	46,366	48,243	52,591	57,231

비용 그리고 당기순이익으로 구성된다.

수익은 농장에서 발생한 조수익으로 AH7:AL7셀에 입력한다.

비용은 생산원가표의 매출원가에 판매비와 관리비 그리고 이자비용을 합산한 비용이다. 매출원가는 AH11:AL11셀에 입력하고 판매비와 관리비는 AH16:AL17셀에 입력한다. 영업외비용인 이자비용은 AH27:AL27셀에 입력한다. 당기순이익은 조수익에서 비용을 제외한 금액으로 AH35:AL35셀에 입력한다.

3. 대차대조표

대차대조표는 일정시점에서 작성한 자산과 부채 그리고 자본을 정리한 표이다. 대차대조표는 일정시점에 작성하기 때문에 대부분 1년에 2회 작성하며 1월 1일에 작성한 대차대조표를 기초대차대조표, 12월 31에 작성한 대차대조표를 기말대차대조표라 한다. 1차년도의 기말대차대조표와 2차년도의 기초대차대조표는 시간상 차이가 발생하지 않기 때문에 첫해에는 대차대조표를 2회 작성하지만 2년차부터는 일반적으로 기말대차대조표만을 작성하여 이용한다.

자산항목에서 1년차의 기초대차대조표는 농장을 시작할 시점에서의 자산을 의미하며 재배시설, 농기계, 토지 그리고 현금으로 구분하여 작성한다.

현금(당좌자산)은 AO8셀에 초기자본 11억원(자본금 10억＋부채 1억)에서 토지구입과 설비자산을 구입한 이외의 현금을 입력한다. 1차년도 이후의 기말대차대조표에는 현금흐름표의 조달항목에서 지출항목을 뺀 누적수지균형금액을 AP8:AT8셀에 입력한다. AP8셀에는 ＝AX24를 입력한다.

농기계는 AO18셀에 초기구입비용을 입력하고 1차년도 이후 기말대차대조표에는 초기구입가격에서 감가상각비를 제외한 금액을 AP18:AT18셀에 입력한다. 시설은 AO19셀에 초기구입비용을 입력하며 1차년도 이후의 기말대차대조표는 기계나 시설의 감가상각비를 제외한 가치를 AP19:AT19에 입력한다.

토지는 고정자산이지만 감가상각을 하지 않는 자산이기 때문에 동일한 금액을 AO26:AT26에 입력한다.

그림 12-6 | 경영성과분석 대차대조표

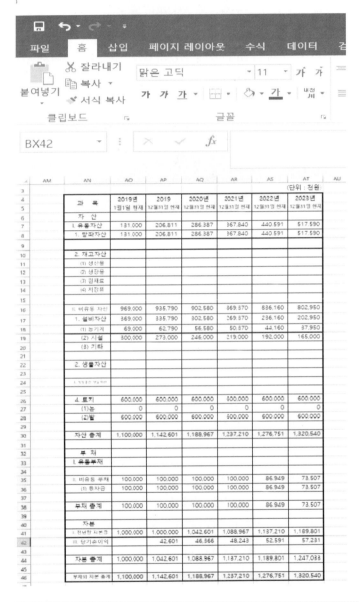

4. 현금흐름표

현금흐름표는 농장의 현금흐름을 조달과 지출로 구분하여 정리한 표이다. 조달 부문에는 농산물판매대금부터 사업착수금과 융자금 그리고 기타수입 등 현금으로 조달되는 금액을 입력한다.

지출 부문에는 현금으로 지출되는 금액으로 농지, 시설, 농기계에 투자한 초기 투자비와 당기총생산원가, 판매비와 관리비, 영업외비용, 원리금상환액의 합계이다. 다만 현금흐름표는 실제로 지출된 비용이기 때문에 당기총생산원가에 포함된 감가상각비는 제외하여 계산한다.

수지균형은 연도별로 발생하는 균형금액이며 누적수지균형은 장기적으로 누적된 수지균형금액이다. 누적수지균형이 마이너스(−)가 되면 농장에 흐름이 없기 때문에 부도가 발생한다는 것을 의미한다. 누적수지균형은 대차대조표의 현금자산항목으로 이용한다.

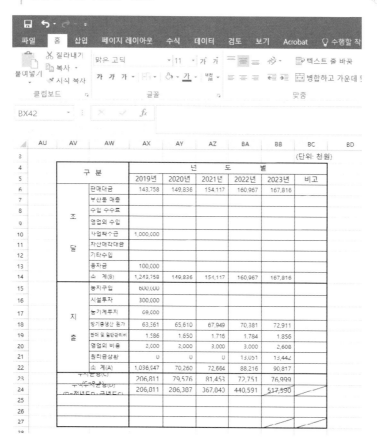

그림 12-7 | 경영성과분석 현금흐름표

구 분		년 도 별					비고
		2019년	2020년	2021년	2022년	2023년	
조달	판매대금	143,758	149,836	154,117	160,967	167,816	
	부산물 매출						
	수입 수수료						
	영업외 수입						
	사업착수금	1,000,000					
	자산매각대금						
	기타수입						
	융자금	100,000					
	소 계(B)	1,243,758	149,836	154,117	160,967	167,816	
지출	농지구입	600,000					
	시설투자	300,000					
	농기계투자	69,000					
	당기총생산 원가	63,361	65,610	67,949	70,381	72,911	
	판매 및 일반관리비	1,586	1,650	1,716	1,784	1,856	
	영업외 비용	3,000	3,000	3,000	3,000	2,608	
	원리금상환	0	0	13,051	13,442		
	소 계(A)	1,036,947	70,260	72,664	88,216	90,817	
수지균형(C)		206,811	79,576	81,453	72,751	76,999	
누적수지균형(D) (D=전년도D+금년도C)		206,811	286,387	367,840	440,591	517,590	

경영분석

농장의 재무제표가 작성되면 재무제표를 이용하여 농장의 경영성과분석을 할
수 있다. 농장의 경영성과는 크게 성장성, 안정성, 수익성, 생산성으로 구분하여
각각의 분석지표를 활용하여 분석할 수 있다.

성장성 지표는 농장의 규모가 어느 정도 증가하고 있는가를 나타내는 지표이다.
성장성을 평가하는 지표에는 매출액증가율, 총자산증가율, 자기자본증가율 지표
가 있다.

$$매출액증가율(\%) = \frac{당기말매출액 - 전기말매출액}{전기말매출액} \times 100$$

$$BI19 = (BI9 - BH9) / BH9$$

$$총자산증가율(\%) = \frac{당기말총자산 - 전기말총자산}{전기말총자산} \times 100$$

$$BI21 = (BI5 - BH5) / BH5$$

$$자기자본증가율(\%) = \frac{당기말자기자본 - 전기말자기자본}{전기말자기자본} \times 100$$

$$BI20 = (BI4 - BH4) / BH4$$

안정성 분석의 분석지표는 복식부기의 결산제표 가운데 대차대조표를 기초로
분석하며, 자기자본비율, 유동비율, 부채비율 등을 분석지표로 활용한다.

$$자기자본비율(\%) = \frac{자기자본}{총자본} \times 100$$

$$BH22 = BH4 / BH5$$

$$유동비율(\%) = \frac{유동자산}{유동부채} \times 100$$

$$BH23 = BH7 / BH6$$

$$부채비율_{(\%)} = \frac{총부채}{자기자본} \times 100$$

$$BH24 = (BH7 - BH8) \ / \ BH4$$

수익성 분석의 분석지표는 총자산경상이익률, 자기자본 순이익률, 매출액 순이익비률, 농업소득률 등이 있다.

$$총자산경상이익률_{(\%)} = \frac{경상이익}{(기초총자산 + 기말총자산)/2} \times 100$$

$$BI25 = BI12 \ / \ ((BH5 + BI5) \ / \ 2)$$

$$자기자본\ 순이익률_{(\%)} = \frac{당기순이익}{(기초자기자본 + 기말자기자본)/2} \times 100$$

$$BI26 = BI13 \ / \ ((BH4 + BI4) \ / \ 2)$$

$$매출액\ 순이익비률_{(\%)} = \frac{당기순이익}{매출액} \times 100$$

$$BI27 = BI13 \ / \ BI9$$

$$농업소득률_{(\%)} = \frac{농업소득}{조수익} \times 100$$

$$BI28 = BI11 \ / \ BI9$$

생산성 분석의 분석지표는 부가가치율, 노동생산성, 자본생산성, 토지생산성 지표 등이 있다.

$$부가가치율_{(\%)} = \frac{부가가치}{매출액} \times 100$$

$$BH29 = BH10 \ / \ BH9$$

$$노동생산성_{(원/시간)} = \frac{부가가치}{투입노동시간} \times 100$$

$$BH30 = BH10 \ / \ BH14$$

$$토지생산성(원/m^2) = \frac{부가가치}{경작면적} \times 100$$

BH31 = BH10 / BH15

$$자본생산성(\%) = \frac{부가가치}{총자본} \times 100$$

BH32 = BH10 / BH5

그림 12-8 경영성과분석표

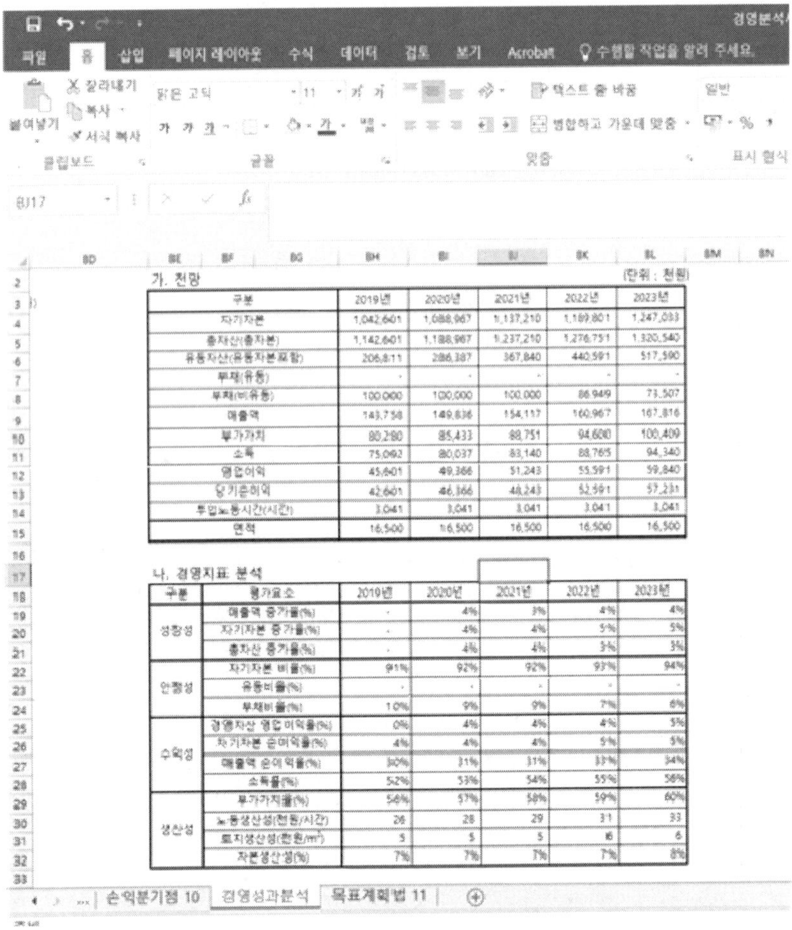

가. 천망 (단위 : 천원)

구분	2019년	2020년	2021년	2022년	2023년
자기자본	1,042,601	1,088,967	1,137,210	1,189,801	1,247,033
총자산(총자본)	1,142,601	1,188,967	1,237,210	1,276,751	1,320,540
유동자산(유동자본포함)	206,811	286,387	367,840	440,591	517,590
부채(유동)	-	-	-	-	-
부채(비유동)	100,000	100,000	100,000	86,949	73,507
매출액	143,758	149,836	154,117	160,967	167,816
부가가치	80,280	85,433	88,751	94,600	100,409
소득	75,092	80,037	83,140	88,765	94,340
영업이익	45,601	49,366	51,243	55,591	59,840
당기순이익	42,601	46,366	48,243	52,591	57,231
투입노동시간(시간)	3,041	3,041	3,041	3,041	3,041
면적	16,500	16,500	16,500	16,500	16,500

나. 경영지표 분석

구분	평가요소	2019년	2020년	2021년	2022년	2023년
성장성	매출액 증가율(%)	-	4%	3%	4%	4%
	자기자본 증가율(%)	-	4%	4%	5%	5%
	총자산 증가율(%)	-	4%	4%	3%	3%
안정성	자기자본 비율(%)	91%	92%	92%	93%	94%
	유동비율(%)	-	-	-	-	-
	부채비율(%)	10%	9%	9%	7%	6%
수익성	경영자산 영업이익률(%)	0%	4%	4%	4%	5%
	자기자본 순이익률(%)	4%	4%	4%	5%	5%
	매출액 순이익률(%)	30%	31%	31%	33%	34%
	소득률(%)	52%	53%	54%	55%	56%
생산성	부가가치율(%)	56%	57%	58%	59%	60%
	노동생산성(천원/시간)	26	28	29	31	33
	토지생산성(천원/m²)	5	5	5	6	6
	자본생산성(%)	7%	7%	7%	7%	8%

참고문헌

김계수. 2011. Excel 이용 easy 경영과학. 청람.

김배성 외 7인. 2017. 스마트시대 농업경영학. 박영사.

박구현. 2009. (엑셀활용) 경영과학. 교보문고.

신용광. 2019. 농업경영학의 이해. 박영사.

안덕현. 영농설계. 한국농업전문학교.

웨인웨스턴. 2015. 엑셀을 활용한 마케팅 분석 기법. 혜지원.

부록

경제성분석 참고자료

경제성분석 참고자료

1. 고정자산 내용연수

1.1. 수리구축물 내용연수

구축물명	구분	내용년수
소형관정		10
보	철근콘크리트	30
	콘크리트	25
	진흙	25
	목조	7
명거	콘크리트	15
	목조	5
암거	토관	15
	철제	10
	목조	7
소류지 및 용수정	철근콘크리트	60
	콘크리트	50
	석조	50
기타	싸이로(콘크리트)	50
	분뇨통(콘크리트)	30
과수지주	콘크리트	15
	목(죽)재	5
	철재	8

1.2. 대농기구 내용연수

구분	기계명	내용연수
원동기	전기모타(2줄)	12
	전기모타(3줄)	14
	디젤엔진	10
	석유발동기	10
	가솔린 석유(공냉)엔진	6
	가솔린 석유(수냉)엔진	7
	동력경운기	6
	트랙터	8
	물레방아	7
경운정지	경운기 쟁기	6
	트랙터 쟁기	10
	디스크해로우	10
	트랙터 로타리	8
	경운기 로타리	6
	비닐피복기(소형경운기 부착용)	5
양수	양수기	8
	손펌프(인력)	10
	발펌프(인력)	10
	양수기 호수	3(5)
시비파종	메뉴어 스프레더	10
	라임 쏘우어	10
	부로드캐스터	10
	논벼직파기	7
	견인형 파종기(경운기 부착용)	5
	로타리 파종기(보리파종용)	5
	동력 비료살포기(석회, 규산질 시비용)	5
	육묘 파종기(육묘상자 파종기계)	6
	볏짚 절단기(퇴비용)	7
이앙	동력이앙기(수동식 포함)	5

구분	기계명	내용연수
방제	동력 분무기	8
	동력 살분무기	5
	인력 분무기	5
	고성능분무기(논벼용)	8
	동력 스피드 스프레이어(과수전용)	6
제초	동력 중경제초기(논에 사용)	5
	인력 제초기(논에 사용)	5
수확조제	바인더	5
	콤바인	5
	휴대용 동력 예취기	5
	동력 자동탈곡기	8
	반자동 탈곡기	8
	순환식 건조기	8
	평면식 건조기(석유 버너형태)	10
	풍구	5
	도정기	10
운반	경운기 트레일러	8
	트랙터 트레일러	12
	우마차	12
	손수레	5
	화물자동차	5
농산가공용	과일선별기	8
	동력제승기(새끼용)	5
	인력제승기	12
	인력가마니틀	12
	동력고구마 마쇄(절단)기	5
축산용구	동력 사료절단기	10
	동력 사료분쇄기	5
	동력 서강사료기	5
	인력밀봉 분리기	10
	사료자동 급여기	8

구분	기계명	내용연수
	알짜기	18
	병아리 키우는 기계	8
	착유기	10
	냉각기	5
	우유통	10
계량용구	말	10
	저울	15
기타	스프링클러 헤드	7
	육묘상자	51
	관리기	5
	온풍기	6
	환풍기	5
	기타 대농구(목제쟁기, 대형물통 등)	5

1.3. 영농시설물 내용연수

시설물명	시설구조	내용연수									비고
		목조 와가 단층	목조 와가 2층	목조 초가 단층	목조 초가 2층	목조 함석 단층	목조 함석 2층	철근 콘크 리트 건물	벽돌 또는 석조 건물	기타	
건물	주택	60	60	50	50	40	40	80	70	30	
	헛간	50	50	40	40	30	30	70	60	20	
	창고	60	60	50	50	30	30	80	70	20	
	축사	40	–	35	–	–	–	60	50	30	
	퇴비사	30	–	25	–	–	–	60	50	20	
원예 시설물		철재(파이프)		목재		죽재		PVC			
		10		7		3		7			

※ 목조스레트는 목조 초가와 같은 기준으로 조사한다.

1.4. 대동물 내용연수

구분		내용연수	성축연령
젖소	착육우	4	2
돼지	번식돈	2.5	8개월

2. 이율=5% 연간복리 이자계수

n	1회 지불		등액지불				등차지불
	복리계수	현가계수	복리계수	감채기금계수	현가계수	자본회수계수	계수
1	1.0500	0.9524	1.0000	1.0000	0.9524	1.0500	0.0000
2	1.1025	0.9070	2.0500	0.4878	1.8594	0.5378	0.4878
3	1.1576	0.8638	3.1525	0.3172	2.7232	0.3672	0.9675
4	1.2155	0.8227	4.3101	0.2320	3.5460	0.2820	1.4391
5	1.2763	0.7835	5.5256	0.1810	4.3295	0.2310	1.9025
6	1.3401	0.7462	6.8019	0.1470	5.0757	0.1970	2.3579
7	1.4071	0.7107	8.1420	0.1228	5.7864	0.1728	2.8052
8	1.4775	0.6768	9.5491	0.1047	6.4632	0.1547	3.2445
9	1.5513	0.6446	11.0266	0.0907	7.1078	0.1407	3.6758
10	1.6289	0.6139	12.5779	0.0795	7.7217	0.1295	4.0991
11	1.7103	0.5847	14.2068	0.0704	8.3064	0.1204	4.5144
12	1.7959	0.5568	15.9171	0.0628	8.8633	0.1128	4.9219
13	1.8856	0.5303	17.7130	0.0565	9.3936	0.1065	5.3215
14	1.9799	0.5051	19.5986	0.0510	9.8986	0.1010	5.7133
15	2.0789	0.4810	21.5786	0.0463	10.3797	0.0963	6.0973
16	2.1829	0.4581	23.6575	0.0423	10.8378	0.0923	6.4736
17	2.2920	0.4363	25.8404	0.0387	11.2741	0.0887	6.8423
18	2.4066	0.4155	28.1324	0.0355	11.6896	0.0855	7.2034
19	2.5270	0.3957	30.5390	0.0327	12.0853	0.0827	7.5569
20	2.6533	0.3769	33.0660	0.0302	12.4622	0.0802	7.9030
21	2.7860	0.3589	35.7193	0.0280	12.8212	0.0780	8.2416
22	2.9253	0.3418	38.5052	0.0260	13.1630	0.0760	8.5730
23	3.0715	0.3256	41.4305	0.0241	13.4886	0.0741	8.8971
24	3.2251	0.3101	44.5020	0.0225	13.7986	0.0725	9.2140
25	3.3864	0.2953	47.7271	0.0210	14.0939	0.0710	9.5238
26	3.5557	0.2812	51.1135	0.0196	14.3752	0.0696	9.8266
27	3.7335	0.2678	54.6691	0.0183	14.6430	0.0683	10.1224
28	3.9201	0.2551	58.4026	0.0171	14.8981	0.0671	10.4114
29	4.1161	0.2429	62.3227	0.0160	15.1411	0.0660	10.6936
30	4.3219	0.2314	66.4388	0.0151	15.3725	0.0651	10.9691
31	4.5380	0.2204	70.7608	0.0141	15.5928	0.0641	11.2381
32	4.7649	0.2099	75.2988	0.0133	15.8027	0.0633	11.5005
33	5.0032	0.1999	80.0638	0.0125	16.0025	0.0625	11.7566
34	5.2533	0.1904	85.0670	0.0118	16.1929	0.0618	12.0063
35	5.5160	0.1813	90.3203	0.0111	16.3742	0.0611	12.2498
40	7.0400	0.1420	120.7998	0.0083	17.1591	0.0583	13.3775
45	8.9850	0.1113	159.7002	0.0063	17.7741	0.0563	14.3644
50	11.4674	0.0872	209.3480	0.0048	18.2559	0.0548	15.2233

3. 에너지원별 석유환산, 탄소환산계수

구분	물량	단위	석유 환산계수	탄소 환산계수	kg CO_2
원유	1	kg	0.010	0.829	0.03039667
휘발유	1	ℓ	0.740	0.783	2.12454000
실내등유	1	ℓ	0.820	0.812	2.44141333
보일러등유	1	ℓ	0.835	0.812	2.48607333
경유	1	ℓ	0.845	0.837	2.59330500
B-A유	1	ℓ	0.875	0.875	2.80729167
B-B유	1	ℓ	0.910	0.875	2.91958333
B-C유	1	ℓ	0.935	0.875	2.99979167
프로판	1	kg	1.105	0.713	2.88883833
부탄	1	kg	1.090	0.713	2.84962333
나프타	1	ℓ	0.745	0.829	2.26455167
항공유	1	ℓ	0.820	0.808	2.42938667
아스팔트	1	kg	0.835	0.912	2.79224000
석유코크	1	kg	0.785	1.140	3.28130000
천연가스(LNG)	1	kg	1.175	0.637	2.74440833
도시가스(LNG)	1	Nm³	0.955	0.637	2.23056167
도시가스(LPG)	1	Nm³	1.380	0.713	3.60778000
국내무연탄	1	kg	0.460	1.100	1.85533333
수입무연탄	1	kg	0.640	1.100	2.58133333
유연탄(연료용)	1	kg	0.595	1.059	2.31038500
유연탄(원료용)	1	kg	0.675	1.059	2.62102500
전기	1	kWh	–	0.1156	0.42386667
수도	1	m³	–	0.1598	0.58600000

자료: 국가에너지통계종합시스템

저자 소개

신용광(愼鏞光, Yong Kwang Shin)

건국대학교 축산경영학과 졸업(경영학사)
Obihiro 대학 대학원 졸업(농업경제학 석사)
Iwate 연합대학원 졸업(농업경제학 박사)

한국농촌경제연구원 근무(전문연구원, 부연구위원, 연구위원)
한국농수산대학 농수산비즈니스학과 조교수, 부교수
현 한국농수산대학 농수산비즈니스학과 농업경영유통전공 교수
전공분야: 농업경영회계, 농업경영분석, 농산업비즈니스, 창업설계

EXCEL로 쉽게 따라하는 농업경영분석 가이드

초판발행	2019년 8월 20일
중판발행	2022년 9월 10일
지은이	신용광
펴낸이	안종만·안상준
편 집	전채린
기획/마케팅	손준호
표지디자인	박현정
제 작	고철민·조영환
펴낸곳	(주)박영사
	서울특별시 금천구 가산디지털2로 53, 210호(가산동, 한라시그마밸리)
	등록 1959. 3. 11. 제300-1959-1호(倫)
전 화	02)733-6771
f a x	02)736-4818
e-mail	pys@pybook.co.kr
homepage	www.pybook.co.kr
ISBN	979-11-303-0810-4 93320

* 파본은 구입하신 곳에서 교환해 드립니다. 본서의 무단복제행위를 금합니다.
* 저자와 협의하여 인지첩부를 생략합니다.

정 가   17,000원